Fêtez Halloween

Agnès Behar

Fêtez Halloween

Comment préparer, organiser et réussir la fête des sorcières, des vampires et des fantômes...

BORNEMANN

Crédit des illustrations
Photographies et dessins : Agnès Behar sauf
page 32 : D.R.
page 39 : Demo Dalbe (Tél. : 01 40 10 89 10).

ISBN : 2-85182-588-7

Éditions Bornemann, 62, rue Blanche, 75009 Paris.

Sommaire

Pourquoi fêter Halloween?

Traditionnellement fêtée dans les pays anglo-saxons, Halloween commence à être de plus en plus célébrée en Europe et particulièrement en France. Introduite il y a déjà une dizaine d'années par des familles ayant vécu un certain temps aux États-Unis ou en Grande-Bretagne, elle déborde actuellement largement de ce cadre. Ainsi, les enfants qui ont eu l'occasion d'être invités à une Halloween party, en France comme à l'étranger, insistent auprès de leurs parents pour fêter Halloween tous les ans.

Si Halloween a autant de succès, c'est qu'elle fait l'unanimité chez les grands comme chez les petits. Les enfants adorent particulièrement se déguiser en méchants, se faire peur et faire peur.

De plus, inviter des enfants fin octobre, permet à un enfant qui a du mal à s'intégrer en début d'année (changement d'école, classes charnières comme entrée en maternelle, CP ou 6e) de se faire des amis rapidement.

Témoignage :

Marie, 36 ans, 2 enfants 7 et 12 ans

« Mon mari, consultant dans un cabinet international, est souvent muté à l'étranger. Après avoir passé 2 ans aux États-Unis, puis 4 ans en République Tchèque, nous sommes maintenant installés en France. Depuis notre séjour aux États-Unis, j'ai gardé l'habitude de fêter Halloween. Cette tradition est capitale pour ma fille aînée. Timide et de tempérament inquiet, elle a beaucoup de mal à s'acclimater à chaque déménagement. À la rentrée scolaire, elle reste un peu repliée sur elle-même et ne s'intègre pas à des groupes d'amis souvent déjà constitués. Inviter des camarades de classes pour Halloween lui permet de briser la glace et de se lier. Je suis persuadée que, sans ces invitations, elle mettrait des mois et des mois avant de se faire des amis. »

Témoignage :

Isabelle, 42 ans, 3 enfants 10, 7 et 5 ans

« Ma fille aînée a été invitée pour la première fois il y a 3 ans à une fête d'Halloween par une petite amie qui avait vécu 3 ans aux États-Unis. Cette fête lui a tellement plu que l'année suivante j'en ai organisée une chez moi. Depuis, tous les ans, on fête Halloween à la maison. C'est une occasion de plus de faire la fête avec les enfants, avant Noël et Pâques.

On décore l'appartement avec des toiles d'araignée, des dessins de sorcières et monstres, et bien sûr la fameuse Jack-O'-lantern. Je limite les invitations : chacun de mes enfants invite deux amis, ce qui me fait tout de même neuf enfants avec les miens, et on fait une Halloween Party avec jeux, concours de grimaces... Je fixe la date le samedi après-midi de la semaine d'Halloween. »

Origine

La Samain, fête celte

La tradition d'Halloween remonte à plus de 2 000 ans, bien avant la première fête de Noël. C'est une fête d'origine celte. Pour les celtes, il existait trois fêtes principales qui rythmaient l'année : Belteine, Lugnasad et Samain.

Belteine, située le 1er mai, correspond au solstice d'été. C'est la fête de la lumière et du feu. Elle est dédiée au dieu Bélénos. C'est principalement la fête des druides. De cet héritage celtique subsiste en Irlande un certain folklore. Ainsi le *May Day* consiste en des réunions populaires avec des chants et des danses. La magie est également très présente : croyance aux présages, cueillettes de certaines plantes, divination, etc.

Lugnasad, fêtée le 1er août, est la fête des moissons. Dans le folklore irlandais, cette fête est célébrée par plusieurs communes, souvent sur un site préhistorique ou sur une hauteur. Avec la moisson, vient la gaieté et Lugnasad est caractérisée par des jeux, de la danse, des foires ou des concours.

Le 1er novembre, date de la Samain, marquait pour les celtes le début de la saison sombre. C'était une fête capitale et la présence de chacun était obligatoire sous peine de mort ou de sanctions très graves. Pour les celtes, c'est le moment où les hommes ont accès à l'autre monde, au monde des Dieux et des morts. Cette fête est marquée par des cérémonies religieuses et des sacrifices d'animaux, ainsi que par des banquets rituels. Ce n'est pas une fête triste mais une transition.

La tradition

Étymologiquement, Halloween est la déformation de l'expression *All-Souls-Eve*, qui signifie «Veille de toutes les âmes».

Elle coïncidait avec le changement des saisons et la récolte du blé. Pour les paysans irlandais et anglais qui vivaient de leur terre, cela correspondait à la fin de l'année. Des traditions celtiques, ils avaient gardé la croyance que l'esprit des morts de l'année précédente revenait ce jour-là, et allait de porte en porte pour s'amuser une dernière fois avant d'aller dans le monde des morts. Afin de les éloigner de chez eux et de s'assurer de leurs bonnes grâces, les gens déposaient des boissons et de la nourriture sur le pas de leurs portes.

À partir du VIIe siècle, il y eu fusion entre Samain et la fête catholique de la Toussaint.

Halloween, comme toutes les autres fêtes celtes, a surtout subsisté en Irlande. En effet, l'église irlandaise ne va s'opposer aux traditions celtes qu'au début du XIXe siècle. Alors qu'en France, dès le Moyen-Âge, l'église va combattre les vieilles traditions. Ainsi Halloween a continué d'être fêtée en Grande-Bretagne alors que la fête religieuse de la Toussaint l'a supplantée en France. Il en reste cependant quelques traces : on raconte en Bretagne que l'Ankou, le charretier de la mort, fait défiler dans le cimetière tous les

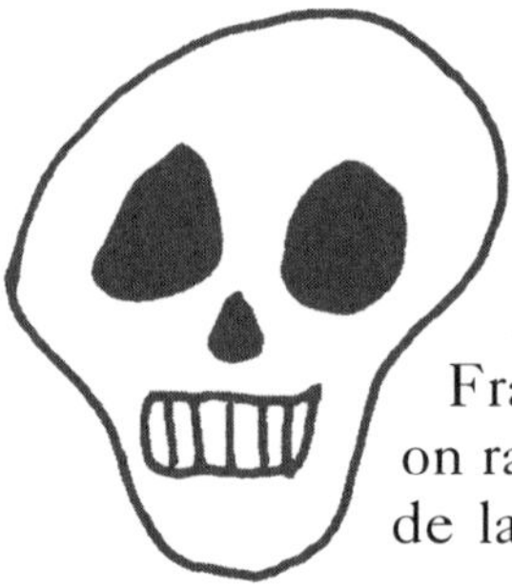

morts de l'année à venir. Selon la légende, un jeune homme curieux a observé le défilé et s'est vu dans le dernier revenant. Il mourut alors aussitôt.

La fête de St Martin, qui tombe le 11 novembre a, dans certaines régions, pris le relais de Samain. Ainsi à Dunkerque, un défilé d'enfants se déroule le 11 novembre. On va à la campagne chercher l'âne perdu de St Martin avec des lanternes creusées dans des betteraves ou des citrouilles.

L'histoire de Jack-O'-Lantern

Le soir d'Halloween, des citrouilles grimaçantes éclairées de l'intérieur par une bougie sont placées aux portes et aux fenêtres. Selon le folklore irlandais, c'est à un certain Jack, fermier irlandais très paresseux, que l'on doit la tradition de transformer les citrouilles en lanternes. Un jour où il avait trop bu, il aperçut un jeune homme qui lui demanda l'aumône. Lorsque Jack s'approcha de lui, le diable se transforma en pièce de monnaie. Jack ramassa la pièce et comme il était ivre, il ne se rendit pas compte qu'il avait conclu un pacte avec Satan.

Quelques temps plus tard, le diable vint donc chercher Jack pour l'emmener en enfer. Jack réussit à jouer un tour à Satan. Il le fit grimper dans un arbre dont il ne pouvait redescendre. Jack lui proposa son aide contre la promesse qu'il n'irait jamais en enfer. Lorsque Jack mourut, il monta au paradis. Mais comme il avait commis trop de pêchés, il n'eut pas le droit d'y entrer. En enfer, le diable respecta son accord : il ne voulut pas de lui. Pour s'éclairer dans le noir, Jack creusa alors un gros navet et mit un peu de braise de l'enfer à l'intérieur. Depuis il erre avec sa lanterne en cherchant un endroit où il pourrait se reposer. Ce célèbre revenant s'appelle Jack-O'-Lantern.

Auparavant, les lampes étaient donc faites dans des navets ou des betteraves. Lorsque les irlandais immigrèrent aux

États-Unis, ils découvrirent les citrouilles cultivées par les indiens : de navet, la lanterne se fit citrouille.

Déroulement de la fête

Actuellement, Halloween continue à être fêtée en Grande-Bretagne, en Irlande, et surtout aux États-Unis et au Canada. Le soir du 31 octobre, les gens mettent devant leurs portes des citrouilles creusées avec une bougie à l'intérieur pour éclairer. Les enfants déguisés frappent à la porte des maisons où l'on voit une citrouille allumée et crient : *Trick or Treat*, ce qui signifie «un sort ou un bonbon». Puis, ils reçoivent des bonbons et continuent ainsi dans tout le quartier. Il y a quelques années, les enfants allaient par petits groupes dans le voisinage. Actuellement, pour des raisons de sécurité, les groupes d'enfants sont accompagnés par un adulte.

Traditionnellement réservée au 31 octobre au soir, Halloween a pris de l'ampleur et est fêtée pendant plusieurs jours. Aux États-Unis, toute la journée du 31, les enfants déguisés passent chez les commerçants qui remplissent leurs sacs de bonbons. Plusieurs jours avant Halloween, on commence à voir des adultes déguisés dans la rue : serveur au restaurant en Rambo avec la mitraillette, vendeuse en Madame Addams, monstres sanguinolents... Toute la ville est en fête, avec comme apogée la nuit du 31, où défilent les déguisements les plus fous ! Ce soir-là, tout le monde, les adultes comme les enfants, participent à une Halloween party.

Autrefois réservée aux initiés ou aux adeptes de la culture américaine, Halloween n'a jamais tant séduit. Beaucoup de vitrines de magasins passent à l'orange au mois d'octobre. De nombreuses animations sont également proposées pour les enfants et on ne compte plus les discothèques et les bars qui célèbrent la nuit du 31 octobre avec décorations, concours de déguisements et animations.

Les personnages mythiques d'Halloween

Halloween étant la fête des esprits, une ouverture sur l'au-delà, les personnages de la sorcière, du vampire et du fantôme sont particulièrement caractéristiques.

Les sorcières

Quelle est l'origine de la sorcellerie ?
Le sorcier ou la sorcière est quelqu'un capable de modifier le destin d'un autre individu au moyen de procédures rituelles ou symboliques. Il semblerait que le terme sorcier soit utilisé pour la première fois en 589 dans un texte antique. Une des origines de la sorcellerie serait la transmission par des traditions orales de vieilles religions antiques que le christianisme ne réussit pas à éradiquer. Ainsi, les lieux de rencontres des sorciers se trouvent la plupart du temps auprès de monuments fréquentés par les druides comme les dolmens ou près de ruines romaines.

À partir du début du XVe siècle, on va attribuer une origine démoniaque aux pouvoirs des sorcières. La sorcellerie est alors considérée comme une anti-religion dont les adeptes se vouent au culte du diable. Les juges inquisiteurs vont développer le mythe de la sorcellerie et poursuivre à la fois hérétiques et sorciers. En effet, tous les hérétiques sont soupçonnés de sorcellerie : les fraticelles, branche issue de l'ordre des franciscains qui prônaient le retour de l'église à la pauvreté, les juifs ou l'Ordre du Temple. L'accusation d'hérésie et de sorcellerie va être dans le cas de l'Ordre du Temple utilisée à des fins politiques. Philippe Le Bel, en condamnant au bûcher les principaux dignitaires de cet ordre, confisquera ainsi leur immense fortune.

De plus, la misère qui touche les populations contribue à la propagation de la «chasse aux sorcières». Il fallait bien trouver une explication aux maux qui frappaient si souvent les communautés villageoises : épidémies des hommes ou du bétail, mauvaises récoltes, inondations, tempêtes... Pour chaque problème, on cherchait la sorcière qui avait jeté un sort pour décimer des familles, faire pourrir les récoltes ou déclencher la tempête.

Pourquoi la sorcière vole-t-elle grâce à un balai?

La sorcière vole pour se rendre au sabbat. Selon les régions, elle s'y rend à pied, sur le dos d'un porc ou d'un bouc, ou encore sur un bâton, une fourche ou un balai. Le sabbat consiste en une messe catholique dite à rebours, l'hostie étant remplacée par une rondelle de navet. À la fin de la cérémonie, les sorcières rendent hommage à Satan. Une fois initiées, elles obtiennent des pouvoirs maléfiques comme de déclencher des tempêtes pour saccager les récoltes ou de provoquer des maladies. Les sorcières ont également le pouvoir de se transformer en animaux, en chats par exemple, ou en loups-garous pour attaquer les voyageurs.

Pourquoi la sorcière est-elle associée aux chats noirs, aux crapauds et aux araignées ?
Pour réaliser tous ses méfaits, la sorcière a des alliés. Ces serviteurs peuvent être différents animaux : une taupe, une souris, une abeille. Mais le plus souvent, c'est le corbeau qui espionne pour elle, l'araignée qui la conseille ou le crapaud. Le chat noir symbolise son alliance avec Satan. Les serpents ont également un rôle important pour la sorcière. En effet, leurs spécificités qui sont la mue (métamorphose) et la crainte qu'ils suscitent font qu'ils sont souvent considérés comme faisant le lien entre les vivants et les morts.

Les vampires

À quelle époque croyait-on aux vampires ?
Il semble que depuis toujours l'homme ait développé la croyance en des monstres suceurs de sang. Ainsi on trouve aussi bien des traces de ces légendes en Chine dès le VIe siècle avant J.-C. qu'en Polynésie ou même chez les Aztèques.

Néanmoins, c'est à partir du XIe siècle que vont se répandre des histoires concernant des morts, généralement excommuniés, qui quitteraient leurs tombes et provoqueraient de nombreuses morts. On trouve quelques récits de ce type, en Angleterre, au XIIe siècle, consignés dans des chroniques rédigées en latin. Les auteurs vont donner à ces morts-vivants le nom de *cadaver sanguisugus*. Cependant les cas décrits restent très isolés.

À partir du XIVe siècle, ce phénomène va prendre une ampleur considérable qui va coïncider avec les grandes épidémies de peste. En effet, les victimes sont enterrées dans la hâte sans même s'assurer de leur mort clinique.

La croyance en l'existence des vampires va décliner avec le siècle des Lumières surtout dans les pays de l'ouest de l'Europe alors qu'elle va au contraire se développer de façon considérable en Europe de l'Est.

À la fin du XVIIe siècle, le phénomène prend une telle ampleur en Roumanie, en Prusse, en Serbie, en Hongrie et en Russie que les gouvernements se décident à agir. Ainsi des enquêtes sont menées sur les cas de vampirisme qui sont signalés. Dans un rapport est décrit le cas d'Arnold Paole, d'origine serbe, accusé d'être devenu vampire après sa mort et d'avoir tué des dizaines de personnes. Cette histoire va être rapportée dans *le Glaneur* et dans cet article paru en 1732 va être utilisé pour la première fois en français le terme de «vampyre». La révolution industrielle va finir de balayer toutes les superstitions. Néanmoins, dans des régions isolées comme les Carpates, les croyances et traditions sont présentes et certains paysans disposent des guirlandes d'ail pour se protéger.

Quelles sont les caractéristiques des vampires ?
Les caractéristiques des vampires vont varier selon les pays d'Europe et même selon les régions. Néanmoins, d'après les traités qui traitent du vampirisme au XVIIIe siècle, il existe un certain nombre de traits communs. Le vampire est un mort-vivant qui aspire le sang des mortels, ce qui lui confère l'immortalité. Il ne peut sortir de sa tombe qu'à la nuit tombée et on peut le tenir à distance grâce à de l'eau bénite, des hosties consacrées et des croix. Ses victimes deviendront des vampires après leur mort. Il a également un système pileux très caractéristique : il est très velu et a notamment des poils sur la paume des mains ainsi que des sourcils qui se rejoignent au dessus du nez. Afin de se débarrasser définitivement d'un vampire, il faut lui transpercer le cœur avec un pieu selon certaines régions, ou un poignard béni par un prêtre selon d'autres. Le cinéma a imposé certaines caractéristiques pour le vampire qui ne viennent pas de la légende comme les canines pointues. Christopher Lee dans *Le Cauchemar de Dracula* va mettre cette caractéristique à la mode. Selon la tradition, le vampire ne mord pas ses victimes mais aspire le sang

par les pores de la peau. Certaines caractéristiques du vampire actuel ne correspondent qu'aux croyances de régions bien spécifiques : l'ail qui éloigne les vampires n'est reconnu que dans une partie de la Roumanie. Ainsi pour se protéger des vampires, en Serbie, on préfère peindre des croix sur les portes et les fenêtres. De même le fait que le vampire ne se reflète pas dans un miroir est une croyance limitée à l'Allemagne. L'association du vampire à la chauve-souris vient de la Roumanie mais, traditionnellement, le vampire peut se transformer selon ses besoins en n'importe quel animal ou même en brouillard.

D'où vient le mythe du vampire actuel?

Le point de départ du mythe actuel est la publication en 1897 du livre de Bram Stocker, *Dracula*. Régisseur du Lyceum théâtre, il ne se consacra complètement à l'écriture qu'en 1903 après la faillite du théâtre. Il se documenta de façon très complète sur le vampirisme et les légendes de Transylvanie. Il rencontra également un professeur de langues orientales, Arminius Vambery, qui lui parla en détail des légendes de l'Europe centrale. Il lui raconta notamment l'histoire de Vald IV qui eut comme surnom Dracula (*Dracul* signifiant diable). Vivant au XVe, il a libéré une partie de son pays des Ottomans. Mais il a surtout été célèbre pour sa cruauté. Des chroniques allemandes du XVe siècle rapportent que les tortures imposées par Vald IV ne trouvaient rien de comparable même chez les tyrans les plus assoiffés de sang de l'histoire. Son supplice préféré était l'empalement. Le livre de Bram Stocker va avoir beaucoup de succès dès sa parution. Mais le théâtre, et surtout le cinéma vont permettre à Dracula d'atteindre une place mythique. La pièce fut montée pour la première fois en 1924. L'image du vampire telle qu'on la connaît actuellement naîtra en partie cette année-là. En effet, le costume de Dracula choisit pour la pièce va être l'habit de soirée et la cape noire, qui deviendra indissociable

du personnage du vampire. La pièce obtint un grand succès et fut montée à Brodway en 1927 avec Bela Lugosi, acteur d'origine hongroise, dans le rôle principal.

La deuxième étape dans l'élaboration du mythe du vampire fut l'adaptation au cinéma du roman de Bram Stocker en 1931 dans le *Dracula* de Tod Browning. Bela Lugosi qui reprit le rôle à l'écran va imposer son interprétation. Dès 1950, le mythe de Dracula qui était concentré sur les États-Unis, se développa, avec l'arrivée de la culture américaine, dans tous les pays. De nombreux films furent tournés dans tous les pays du monde. Un autre acteur contribua à implanter le mythe de Dracula : Christopher Lee. Dans *Le Cauchemar de Dracula* en 1958, il va notamment imposer l'image de l'aristocrate vampire et des canines pointues.

Les fantômes

Qu'est-ce qu'un fantôme?

Les fantômes incarnent l'esprit des morts. Selon la tradition ils ont une apparence blanchâtre, et vaporeuse. Ils peuvent traverser les murs, apparaître et disparaître à leur gré.

Depuis quand les hommes croient-ils aux fantômes?

Il semblerait que cette croyance ait toujours existé. Ainsi des squelettes datant de l'âge de pierre ont été trouvés les pieds et les poings liés. On pense que cette coutume était destinée à empêcher l'esprit des défunts de s'échapper de leurs corps. Des tablettes d'argile datant de 2000 ans avant J.-C. ont également été retrouvées. Elle racontent l'histoire d'un héros babylonien et d'un fantôme apparaissant sous la forme d'une ombre transparente. Les Égyptiens pensaient que des fantômes maléfiques représentés avec une tête d'oiseau pouvaient communiquer des maladies aux hommes. Les Romains, quant à eux, croyaient en l'existence des lémures. Ces lémures étaient les fantômes de personnes qui s'étaient mal conduit de leur vivant. Les romains en avaient peur et organisaient des cérémonies au mois de mai pour les tenir à distance. Au Moyen-Âge, en Bretagne, on croyait que tout un peuple de revenants appelé l'Anaon cohabitait avec les vivants. Ils vivaient dans le cimetière sous la garde du dernier mort de l'année. Mais on pouvait également les rencontrer dans la garrigue et particulièrement à la Toussaint.

Pourquoi le fantôme est-il représenté vêtu d'un drap blanc?

Le linceul est la toile blanche dans laquelle les morts étaient ensevelis. Selon la tradition, c'est le revenant qui hante le cimetière qui est vêtu avec un linceul. Celui-ci est le fantôme de la première ou de la dernière personne (selon les régions) enterrée dans cet endroit. C'est le gardien du cimetière et il doit éloigner les mauvais esprits. Les autres fantômes sont habillés avec des vêtements de leurs époques.

Pourquoi les fantômes hantent-ils certains lieux?

Les fantômes hantent surtout les endroits où des victimes ont péri de mort violente. Ainsi, beaucoup de champs de bataille sont considérés comme hantés : Waterloo, Dunkerque ou Shiloh dans le Tennesse. Pendant la guerre de Sécession en 1862, la bataille de Shiloh fut particulièrement meurtrière : 25 000 hommes furent tués. Les mois suivants, les habitants du voisinage racontèrent qu'ils entendaient très distinctement les bruits de la bataille comme si les fantômes continuaient à s'affronter.

Lorsqu'un mort n'a pas bénéficié d'une cérémonie funèbre, son âme ne peut accéder ni au paradis ni à l'enfer. Elle est condamnée à hanter l'endroit où se trouve le cadavre. Selon certaines légendes, les fantômes peuvent se manifester car ils ont une mission à remplir : par exemple, pour se venger d'un meurtre, pour réparer les fautes qu'ils ont commises lorsqu'ils étaient vivants ou pour révéler la cachette d'un trésor.

Halloween pour les 3-6 ans

Spécificités des petits

Dès 3 ans, votre enfant sera ravi de fêter Halloween avec quelques amis. En revanche, les petits de cet âge se fatiguent vite. Prévoir la fête entre 15 h et 17 h 30 est idéal, car beaucoup de petits font encore préalablement la sieste à cet âge.

Limiter le nombre d'enfants : 5 invités maximum et essayer de prévoir un adulte pour vous aider. Établir la liste des invités est souvent problématique : soit ils veulent inviter toute la classe, soit ils ne savent pas qui inviter.

Il est pratique de prévoir deux espaces : un pour le goûter et un autre pour les jeux. À cet âge, il est préférable de les faire asseoir autour d'une table : ils seront plus calmes pour manger. La cuisine est le lieu idéal pour limiter les dégâts. Néanmoins, si elle est trop petite, vous pouvez, afin de simplifier le nettoyage, protéger le coin goûter avec une toile cirée.

Éviter de les laisser se lever de table durant le goûter car vous risquez de retrouver des morceaux de gâteaux dans tout l'appartement.

À cet âge, la plupart des enfants adorent se déguiser. Il est préférable de les laisser choisir. En effet, les petites filles préféreront plus souvent se déguiser en princesse plutôt qu'en sorcière et les garçons en Batman plutôt qu'en fantôme. Le goût pour les déguisements de «méchants» vient plus tard. De même, certains enfants n'aiment pas se déguiser : il ne faut donc pas imposer le déguisement mais le suggérer. Il serait dommage qu'ils ne viennent pas à la fête à cause d'une obligation de se costumer. En revanche, on peut prévoir un maquillage léger pour «faire Halloween». Les enfants de cet âge sont impatients : un maquillage trop élaboré serait trop long pour eux. De plus, ils risquent vite de se barbouiller. Les maquillages de joues très simples et faciles à réaliser sont donc particulièrement adaptés.

Trick or treat : un sort ou un bonbon

Accueillez les enfants sur un fond musical. Ils seront ainsi, dès leur arrivée, dans « l'ambiance Halloween».

Dès que les enfants sont tous là, vous pouvez faire le tour du voisinage pour le *trick or treat* : ce sera l'activité phare pour les tout petits. Comme dans les pays anglo-saxons, on va aller chez les voisins.

Chez qui aller?
Deux semaines environ avant la date d'Halloween, contactez les personnes habitant le voisinage. Il faut pouvoir y aller à pied.

Vous pouvez commencer par en parler aux mamans des enfants que vous avez invités. Vous pouvez également en parler à vos connaissances et à vos commerçants habituels : ils seront ravis d'accueillir tout ce petit monde! Expliquez-leur bien la tradition d'Halloween. Il se peut qu'ils ne la connaissent pas ou mal. Proposez-leur de fournir les bonbons. Rappelez-les la veille ou le matin pour qu'ils n'oublient pas votre venue. Prévoir quatre voisins chez qui aller, surtout pour les tout petits, est suffisant.

Déroulement
Chaque enfant prend son sac d'Halloween. Il faut bien leur expliquer ce qui va se passer et le pourquoi de la fête. Faites leurs répéter plusieurs fois *trick or treat* ou prévoyez qu'ils le disent en français «un sort ou un bonbon». Emmenez-les chez le premier voisin. Au moment où la porte s'ouvre, ils peuvent faire des grimaces censées «effrayer». Puis ils menacent : *a trick or a treat* ou «un sort ou un bonbon».
On leur donne alors un ou plusieurs bonbons qu'ils mettent dans leurs sacs d'Halloween.

Au retour, organisez la pause goûter. Puis, prévoyez des jeux. Les jeunes enfants sont vite fatigués. Les activités doivent donc être courtes.

Jeux

La pêche à la ligne
Cette activité a toujours beaucoup de succès auprès des petits. Prévoyez des petits cadeaux autour du thème d'Halloween. La liste est longue : araignées, souris en plastique, objets gluants qui collent au mur, etc. Cadeaux qui laissent les parents perplexes, mais que les enfants adorent.

La danse des sorciers et des sorcières
Sur un fond musical, les enfants doivent danser tout en faisant des grimaces les plus laides possibles. Quand la musique s'arrête, sans prévenir, ils doivent rester figés dans la position où ils étaient.

L'araignée
Assis en cercle, les enfants se passent un objet (araignée, serpent en plastique par exemple). Quand vous tapez dans les mains, celui qui est en sa possession est empoisonné et est éliminé. Il est interdit de refuser l'araignée et celui qui la fait tomber à terre est éliminé.

Le bruit mystérieux

Il vous faut 6 ou 7 objets qui font des bruits bien distincts : sifflet, tambour, cloche, sonnette de bicyclette, cliquetis de clés, un peu d'eau dans une bouteille que l'on secoue, imiter un miaulement de chat, bruit du vent (en soufflant doucement au ras du goulot d'une bouteille)... Cachez les objets derrière un écran (un drap par exemple). Faites asseoir les enfants devant l'écran. Derrière l'écran, actionnez l'un des objets et demandez à chaque enfant tour à tour s'il a deviné ce que c'était. Demandez aux enfants qui ont trouvé de venir vous rejoindre et de vous aider à faire les bruits suivants.

Croque la pomme

Ce jeu traditionnel d'Halloween est très amusant et nécessite d'avoir de bonnes dents ! Lorsque c'est possible, organisez ce jeu dans le jardin. Décorez une bassine avec du papier crépon orange. Posez la bassine à moitié remplie à sa place définitive. En effet, pleine, elle serait trop lourde à porter. Remplissez-la d'eau à l'aide d'un arrosoir et mettez une dizaine de pommes dans l'eau.

Chaque joueur doit garder ses mains derrière son dos et attraper les pommes avec ses dents. Le gagnant est celui qui a attrapé le plus de pommes en 5 minutes.

Le sac de la sorcière

Remplir une taie d'oreiller avec des boules de papier journal et des petits objets en plastiques : souris, araignée, chauve-souris, serpent... Chacun à leur tour, les enfants vont plonger leurs main dans le sac de la sorcière pour deviner par tâtonnements ce qu'il y a dedans. Notez les réponses de chacun. À la fin, dévoilez le contenu du sac et donnez un prix aux vainqueurs.

Conseils de sécurité

Même s'il est très peu probable que vous ayez à vous occuper d'un problème de santé, il vaut mieux prendre un certain nombre de précautions.

Dès qu'un petit invité arrive, notez sur une liste le numéro de téléphone de la personne de sa famille à contacter en cas de problèmes. Il se peut en effet que l'enfant soit brutalement malade ou particulièrement inquiet si s'est la première fois qu'il va à une fête. C'est très rare mais il vaut mieux parer à toutes les éventualités.

Prévoyez une petite trousse de secours. Veillez à ce que cette trousse, comme les médicaments, soit dans un endroit sûr et fermé à clé. Une trousse de premier secours standard contient en général les produits suivants :
Boîte de pansements assortis
Compresses de gazes
Désinfectant pour les plaies
Eau oxygénée
Mercurescéine pour assécher les plaies
Ciseaux
Pince à épiler
Paracétamol pour les maux de tête
Arnica pour les bosses

Bouchez les prises de courant avec des caches prises à «clé» (en vente dans tous les magasins de puériculture).

Verrouillez les fenêtres dès le premier étage ou utilisez un entrebâilleur.

Halloween pour les 7-10 ans

Une demande plus précise

À cet âge, ils feront d'Halloween leur fête préférée ! Ils ont une affection particulière pour les monstres, la famille Addams, tout ce qui fait peur... Vous pourrez donc insister sur tous les éléments qui vont créer l'ambiance : la décoration, les déguisements et tous les gadgets qui font peur (celui qui imite les fantômes quand on marche dessus, araignées pendues au plafond...). Les enfants de 7 à 10 ans peuvent être impliqués dans toute l'organisation de la fête. Toute la période de préparation précédant la fête sera pour eux également un grand moment. Ils seront ravis de réaliser eux-mêmes les invitations ou les décorations décrites dans les chapitres suivants.

À cet âge, les enfants sont plus exigeants et il faut prévoir un programme assez rythmé en essayant d'éviter les moments creux. Vous pouvez prévoir la fête une après-midi sur une plage de 3 heures ou 3 heures et demi (exemple entre 14 h 30 et 17 h 30).

Sauf si vous louez une salle ou prévoyez beaucoup de monde pour vous aider, ne dépassez pas dix invités.

Pour le goûter, vous pouvez dresser un buffet, ce qui sera plus souple.

Quel est ce monstre ?

Ce jeu procure aux enfants de délicieux frissons de terreur. Il nécessite un peu de préparation à l'avance. Des portraits de monstres sont dessinés et affichés au mur. Idées : le monstre vert et gluant qui dégouline, le serpent à trois têtes, l'abominable homme des neiges. Entreposez divers objets (par exemple mousse à raser, chiffon, brosse à cheveux, éponge, gelée, pâte gluante, glaçons, yaourt...), que les participants ne voient pas. Bandez les yeux de l'un des enfants. Les autres s'approchent de lui munis du matériel nécessaire. Le premier met un glaçon sur sa joue en criant : «c'est le doigt du monstre». Le second lui applique la brosse sur la main : «ce sont les cheveux du monstre», le troisième lui trempe les doigts dans la gelée : «ce sont les yeux du monstre » et le quatrième lui fait un bisou dans l'oreille : « c'est le cri du monstre». Il faudra que l'enfant qui a les yeux bandés, entre deux hurlements, devine de quel monstre il s'agit. Trouver la bonne réponse n'est en fait qu'un prétexte à avoir peur et faire peur !

L'étrangleur

Ce jeu nécessite 6 à 10 participants.

Préparez autant de petits papiers que de participants. Inscrivez sur le premier «assassin», et sur les autres différents rôles : voisin, boulanger, ami, facteur...

Distribuez à chacun au début du jeu des indices : morceau de laine de couleur, petits objets comme des paillettes, du sable ou des miettes de pain.

Chacun tire un papier sans dévoiler son rôle. On éteint les lumières et tous les participants déambulent dans la pièce. L'assassin choisit une victime dans le noir et fait semblant de l'étrangler. Il prendra soin au préalable de laisser un indice près ou sur la victime. La victime s'écroule en criant. On rallume alors la lumière. Le détective se présente et fait son enquête. Il va chercher l'indice et interroger tous les témoins qui pourront raconter ce qu'ils veulent. L'assassin devra dire la vérité pour tout ce qui touche l'indice. Par exemple, s'il a laissé comme indice un bout de laine bleu et que le détective demande quelle était la couleur de son pull, il ne pourra pas mentir. Cependant d'autres témoins pourront dire qu'ils avaient également un pull bleu. Tout est possible ! Après son enquête, si le détective se trompe, il a un gage.

Les enfants adorent ce jeu et pourraient y jouer pendant des heures. Ils aiment tout particulièrement le moment où l'on éteint les lumières. Quand ils n'ont pas tiré le rôle de l'assassin, ils ont le cœur battant en se demandant s'ils seront la victime.

Conseil : insistez sur le fait qu'il faut faire une très légère pression car certains ne sentent pas leur force.

Inventer des monstres

Sur le haut d'une feuille de papier, un enfant dessine, sans la montrer aux autres, la tête d'un horrible monstre. Il plie ensuite la feuille en prenant soin de laisser dépasser les traits du ou des cous. Son voisin dessine le corps, plie et le suivant termine avec le bas du monstre. On obtient avec ce jeu des résultats très drôles et étonnants.

L'histoire qui fait peur

Avant de raconter l'histoire, mettez les enfants dans l'ambiance. On ferme les rideaux pour avoir une pièce la plus sombre possible. Tous les enfants sont en cercle autour de vous. On allume juste une petite lampe au milieu. Munissez-vous également d'une boîte d'allumettes et d'un livre pour les bruitages. En chuchotant, on commence à raconter l'histoire :

«L'année dernière, la nuit d'Halloween, je m'étais perdue dans une forêt très très sombre. On ne voyait presque rien car il y avait des nuages et on n'apercevait même pas la lune. Le vent soufflait dans les arbres (faire le bruit du vent en soufflant doucement). Il faisait vraiment noir, noir, noir. Dans le lointain, j'aperçois une maison toute noire elle aussi. Je m'approche de la porte. J'ouvre la porte qui grince doucement. Je me retrouve dans un couloir noir, noir, noir. La porte se referme derrière moi (claquer doucement le livre). J'avance sur la pointe des pieds et aperçois un escalier noir, noir, noir. Je monte et rentre dans une petite chambre. Dans cette petite chambre noire, noire, noire, j'entends un petit bruit (passer les ongles sur la boîte d'allumettes). Il venait d'une armoire qui se trouvait dans le fond de la pièce. Sans faire de bruit, j'ouvre la porte de l'armoire. À l'intérieur, j'aperçois un tiroir et j'entends toujours un petit bruit. J'ouvre ce tiroir et dans le fond, il y avait une boîte, noire, noire, noire. Je prend la boîte (refaire le bruit sur la boîte d'allumettes), j'ouvre. À l'intérieur, il y avait UN RAT !»

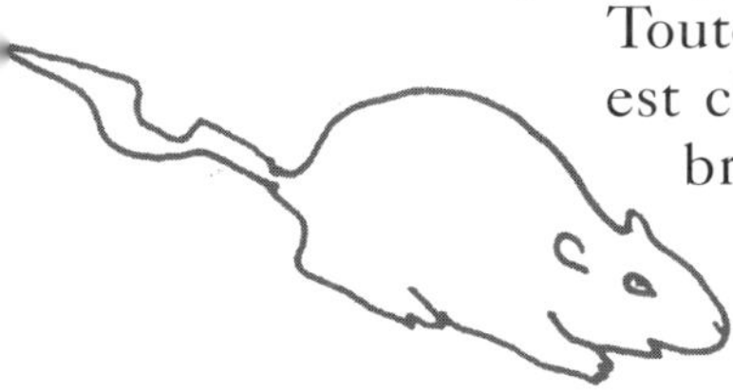

Toute la surprise vient du fait que l'histoire est chuchotée jusqu'à la fin où vous criez brutalement UN RAT pour leur faire peur. Cette histoire est un exemple, mais vous pouvez laisser libre cours à votre imagination…

Halloween pour les adolescents et les adultes

La fête Halloween n'est pas seulement réservée aux enfants. Tout le monde s'amuse cette nuit-là.

La fête se déroulera sous forme de soirée dansante. Vous pouvez insister sur le fait qu'il faut se déguiser et que même quelque chose de simple fera l'affaire. Un maquillage, une cape noire… afin de motiver les récalcitrants, on peut annoncer un prix pour le meilleur déguisement.

Vous pouvez également prévoir un petit stock d'accessoires (dents de vampire, chapeau de sorcière, boîte de maquillage) pour les 2 ou 3 qui «n'avaient pas d'idées» ou «n'ont pas eu le temps». Une fois la fête commencée, ils regretteront de n'être pas déguisés comme tout le monde et seront ravis de pouvoir se mettre dans l'ambiance.

C'est l'occasion idéale de faire une fête en famille ou entre amis. Les adultes peuvent être accompagnés de leurs enfants.

Conseils pratiques concernant les enfants

Si vous disposez d'un jardin, ce sera l'endroit rêvé pour qu'ils aillent jouer entre eux s'ils en ont envie. Sinon, agencez un coin enfants dans l'une des chambres. Ils pourront s'y installer s'ils sont fatigués ou trop énervés. On peut également prévoir dans cette pièce une télévision avec un magnétoscope. Passer une courte cassette de dessin animé peut servir de carte joker s'ils sont trop énervés. Vous pouvez également prendre une baby-sitter pour la soirée.

Maquillages et déguisements

Tous ces maquillages sont très faciles à réaliser. Ils ont été réalisés par des non-professionnels. Utilisez des fards à l'eau. Ils sont non toxiques et se lavent très facilement.

Maquillages de joue

Ils sont recommandés pour les petits de 3 à 6 ans car ils sont réalisables en quelques minutes. Vous pouvez les utiliser également pour tous les invités qui arrivent non déguisés. Cela leur permettra d'être rapidement dans l'ambiance !

Reproduisez sur la joue un des modèles au choix : chauve-souris, fantôme, chat, sorcière, citrouille, toile d'araignée.

La citrouille, symbole d'Halloween

La citrouille est le symbole, l'emblème d'Halloween. Ne l'oubliez surtout pas pour réussir votre fête. Comme accessoire, comme objet de décoration, comme ingrédient pour composer vos recettes, la citrouille sera l'élément indispensable.

Un parterre de 8000 citrouilles à l'occasion d'Halloween en 1997 dans les jardins du Trocadéro.

Les maquillages classiques d'Halloween

Appliquez un fond blanc. Pour beaucoup de maquillages, la base va être un fond blanc.

Utilisez une éponge légèrement humide et plongez-la dans le fard blanc. Dites à l'enfant de fermer les yeux. Passez l'éponge en haut du front et descendez en tournant sur le côté du visage jusqu'au menton. Procédez par de longs mouvements en appuyant doucement et terminez par le milieu du visage. Passez carrément sur les yeux fermés. Laissez sécher quelques minutes avant de poser d'autres couleurs.

Les sorcières

Maquillage : appliquez un fond blanc. Dessinez des sourcils noirs et la bouche en vert. Maquillez les yeux en vert. Vous pouvez ajouter des verrues au crayon noir ou une araignée sur la joue.

La base du déguisement est une longue robe ou jupe noire. Pour l'égayer, vous pouvez coudre dessus des paillettes ou confettis d'Halloween. On peut compléter la tenue par un grand chapeau noir (voir réalisation pages 40-41) et un balai.

La touche finale : une perruque à longs cheveux noirs et un crapaud en plastique cousu sur le chapeau !

La citrouille

Maquillez le visage en orange.
Dessinez la queue de la citrouille en vert.
Ajoutez quelques paillettes argentées. Elles vont éclairer le maquillage et lui donner du relief.

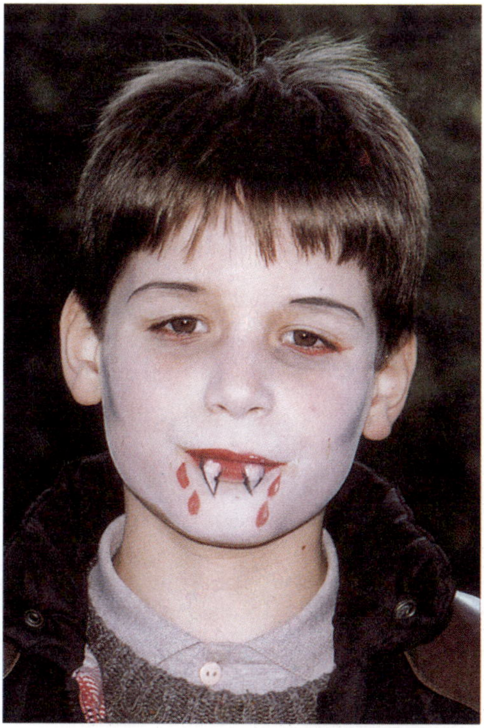

Vampire

Maquillage : appliquez un fond blanc. Maquillez les sourcils en noirs.
Dessinez 2 incisives pointues au crayon noir et coloriez-les en blanc.
Maquillez la bouche en rouge et dessinez quelques gouttes de sang.
Déguisement : Cheveux plaqués au gel. Chemise blanche, nœud papillon, pantalon et chaussures noires. Pour confectionner la cape, voir page 42.

Squelette
Maquillage : appliquez un fond blanc y compris sur les lèvres.
Dessinez le contour de la tête du squelette en noir.
Maquillez le contour des yeux et le bout du nez en noir.
Tracez des petits traits noirs et verticaux sur la bouche.
Ajoutez quelques paillettes argentées.

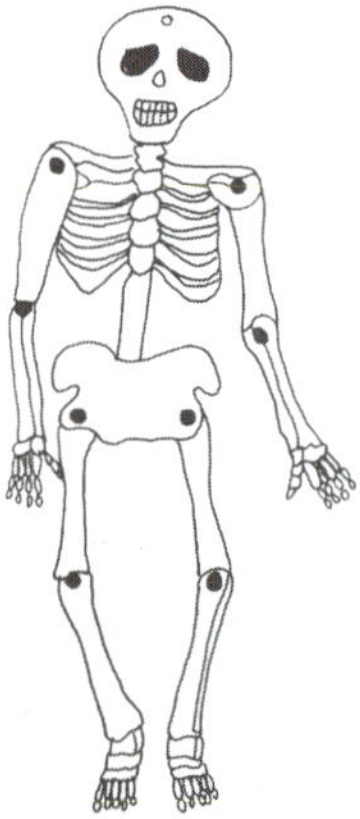

La revenante
Maquillage : cachez tous vos cheveux sous un faux crâne.
Appliquez un fond blanc sur le visage en évitant le contour des yeux et le faux crâne.
Mettez un grand foulard.

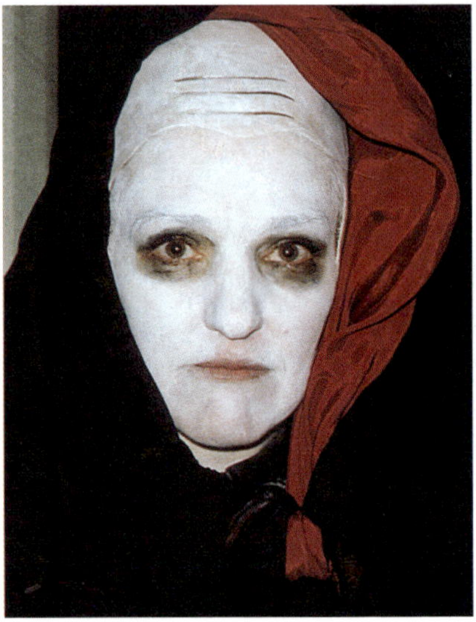

Edwards aux mains d'argent
Maquillage : appliquez un fond blanc, tracez des petites cicatrices légères, cheveux ébouriffés au gel.
Description du personnage :
voir page 44.

Idées à reprendre

Les cartes d'invitation

Pour l'occasion, réalisez des cartes d'invitations spéciales Halloween rigolotes.

Vous trouverez les explications et les modèles de ces cartes page 47 et suivantes.

Pour réussir Halloween, décorez la maison pour créer l'ambiance si particulière de cette fête.

Pour fabriquer la corne d'abondance et la citrouille en trois dimensions, se reporter à la page 56.

Les déguisements classiques d'Halloween

Le chapeau de sorcière

Matériel nécessaire
- papier-calque
- carton mince ou papier épais noir
- fil élastique
- compas
- coton

1. Découpez un triangle de 40 cm par 70 cm.
2. Roulez le papier en forme de cône et collez.
3. Découpez le bord du chapeau.
4. Posez le cône au centre d'une feuille de carton noir. Dessinez 4 repères au crayon.
5. Tracez un cercle au compas passant par les repères. Tracez un deuxième cercle à l'intérieur du premier et un troisième à l'extérieur.
6. Évidez le cercle intérieur puis découpez des dents sur le cercle du milieu.
7. Collez les dents à l'intérieur du cône. Fixez l'élastique de chaque côté.
8. Pour l'araignée, déposez du coton sur un carré de crépon noir. Faites une petite bourse et fermez-la avec un morceau de laine noire.
9. Découpez 8 pattes et 2 yeux et collez-les sur la boule. Attachez l'araignée avec un morceau de laine noire et scotchez l'autre extrémité à l'intérieur du chapeau.

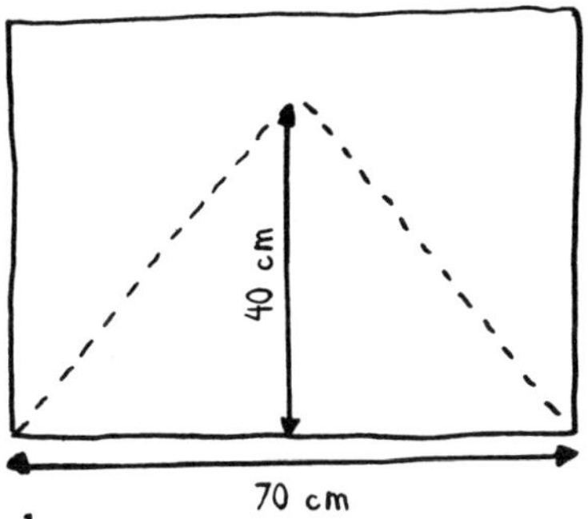

1

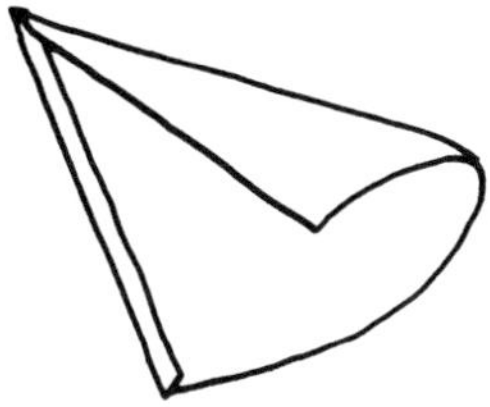

2

3

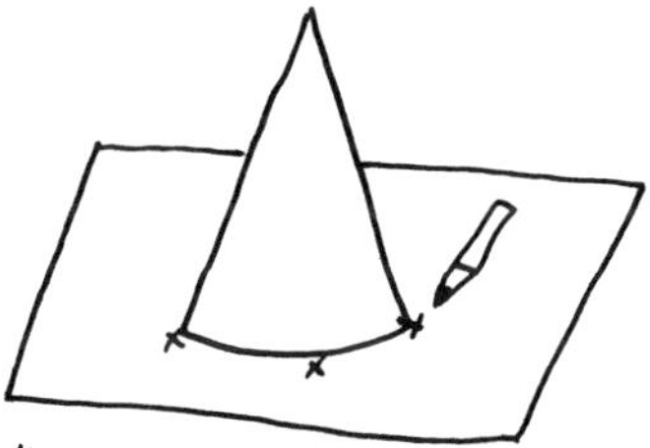

4

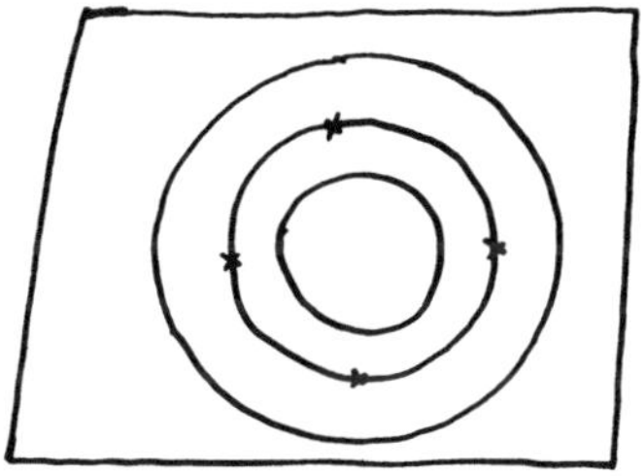

5

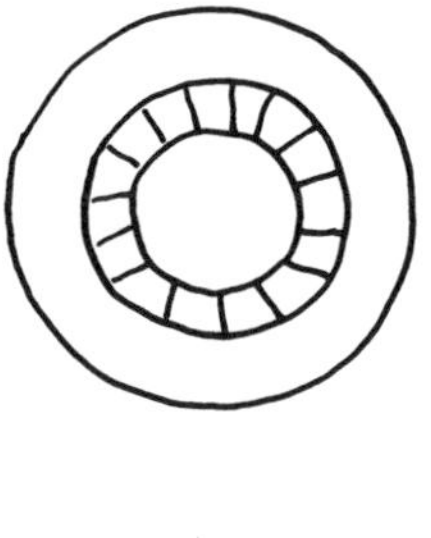

6

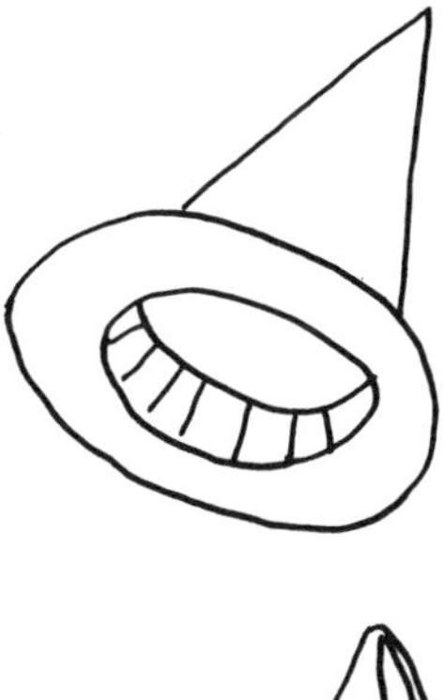

7

8

9

La cape du vampire

Matériel nécessaire
Sac poubelle noir de 50 litres ou 100 litres selon la taille de l'enfant.

1. Découpez le fond du sac ainsi qu'un des côtés de façon à obtenir un rectangle.
2. Découpez des triangles dans une des longueurs pour faire le bas de la cape.
3. Faites des petits trous tous les 8 cm sur l'autre côté. Passez le lien (qui sert à fermer la poubelle) de façon à froncer la cape.

1

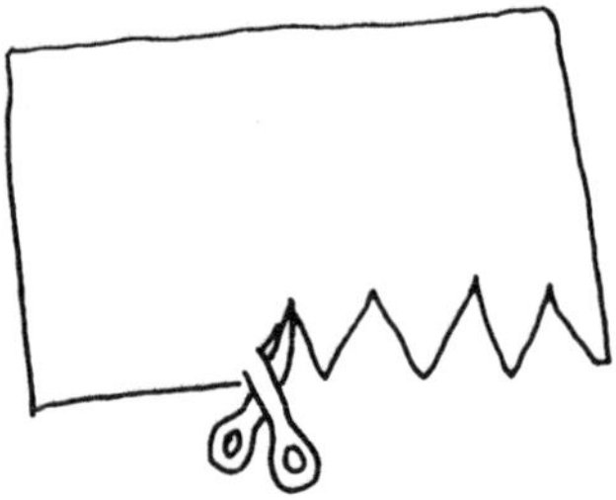

2

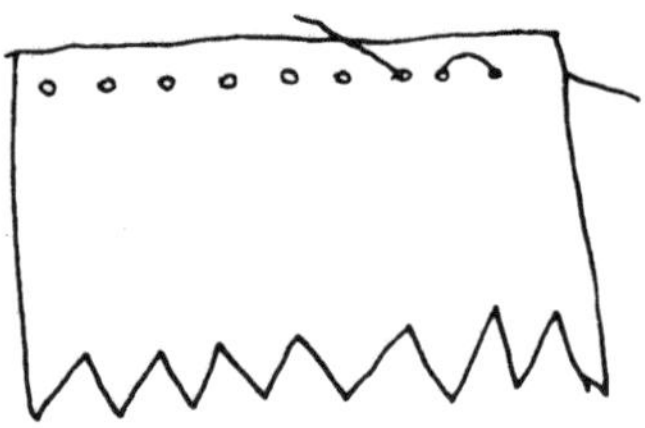

3

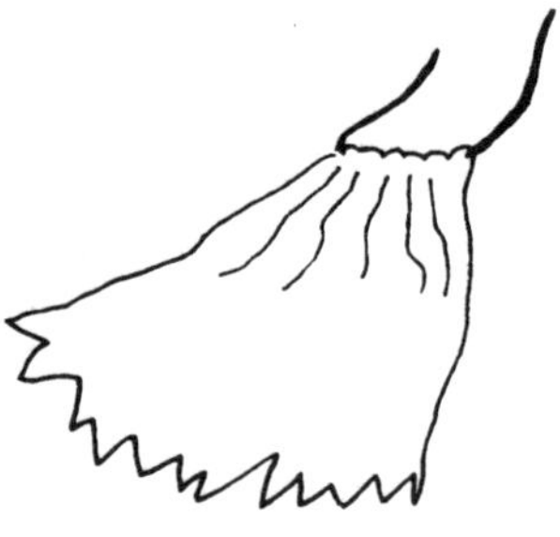

4

Fantôme
Prenez un vieux drap ou un voilage que vous percez de 2 trous espacés de 3 cm. Prévoyez peut-être un maquillage en plus car vous n'allez pas rester sous votre drap toute la soirée !

Si on souhaite un peu plus d'originalité, on peut s'orienter sur les personnages fantastiques de la littérature et du cinéma ou les rôles de « méchants ».

Personnages fantastiques

Frankenstein
Maquillage : appliquez un fond blanc, dégagez le front, faites de nombreuses cicatrices au crayon à maquillage gris ou noir. Choisissez une veste et un pantalon trop courts.

Famille Addams
Personnages créés par Charles Addams.
Film de Barry Sonnenfeld.
Base pour toute la famille : teint pâle et surtout ne pas sourire !

• Gomez Addams (le père)
Cheveux plaqués au gel, petite moustache noire.
Costume rayé.
Accessoire : cigare.

• Morticia Addams (la mère)
Rouge à lèvres rouge vif, yeux maquillés eye-liner noir et ombre à paupières noir.
Longue robe noire à manches longues, perruque noire à cheveux longs et raides.

• Fétide (l'oncle)
Faux crâne chauve.
Yeux cernés de noir.
Long manteau noir boutonné jusqu'en haut.

• Mercredi (la fille)
Nattes noires.
Robe noire avec un col blanc.

• Bugsley (le fils)
Cheveux en brosse.
Tee-shirt rayé blanc et noir et short noir.

• La grand-mère
Perruque grise à cheveux longs et frisés.
Habillée d'une vieille robe en lambeaux.

La touche finale : offrir un bouquet de tige de roses! En effet, pour les Addams ce qui est triste et laid est à l'inverse de la normalité. Dans les roses, ils n'apprécient donc que les tiges et jettent les fleurs.

Edwards aux mains d'argent
Film de Tim Burton.
Le personnage : création d'un savant génial dont les mains ont été remplacées par des lames tranchantes.
Maquillage : (voir photo page 37).
Accessoires : les mains d'argent. Prenez 2 gants en plastique transparents (on en trouve dans de nombreuses stations service). Roulez des bandes de papier en cône et collez-les sur le gant. Peignez le tout avec une bombe de peinture argentée.

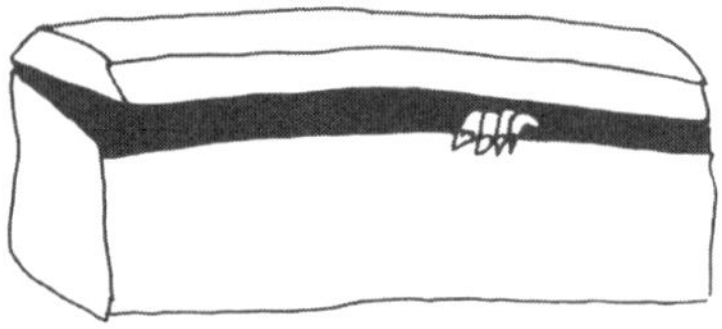

Les affreux et méchants

Cruella
Le personnage : c'est la méchante des *101 dalmatiens*. Elle rêve de posséder un manteau en peaux de dalmatiens !
Maquillage : appliquez un fond blanc, lèvres rouges et yeux très maquillés (en violet par exemple).
Bombez la moitié des cheveux en blanc, l'autre en noir.
Manteau en fausse fourrure.
Accessoires : beaucoup de bijoux, fume-cigarette.
La touche finale : arriver avec une peluche de dalmatien !

Vampirella
Le personnage : personnage de bande dessinée créé par Forrest J. Ackerman, Vampirella est un vampire qui vient de la planète Drakulon.
Maquillage : teint pâle, yeux très maquillés en noir ou en violet, lèvres rouges.
Habillée très sexy : minijupe, body, bottes.
La touche finale : le fouet ! Facile à faire soi-même. Fixez un mètre de ficelle épaisse sur un morceau de bambou (vendu chez les fleuristes pour tenir les plantes). Recouvrez le bambou de papier aluminium.

Beetle-juice
Film de Tim Burton.
Beetle-juice est un fantôme méchant mais comique.
Maquillage : appliquez un fond blanc, tour des yeux en noir, cheveux jaunes hirsutes.
Costume blanc à grosses rayures noires.

Les méchants de Batman

La bande dessinée et les films de Batman regorgent de méchants typiques que va combattre le héros.

Le joker
Le personnage : il affiche en permanence un grand sourire figé.
Maquillage : appliquez un fond blanc.
Dessinez un sourire figé sur le visage en rouge.
Costume très coloré (généralement en violet), chemise orange, nœud bleu et chapeau assorti.

Catwoman
Le personnage : mordue et griffée par une horde de chats, une secrétaire va se transformer en Catwowan.
Justaucorps noir et cagoule noire. Fixez deux oreilles de chat en carton sur la cagoule.

Double-face
Le personnage : il a eu la moitié du visage brûlé au vitriol.
Maquillage : laissez une moitié du visage normale et maquillez l'autre côté façon grand brûlé. Bombez la moitié des cheveux en rouge.

L'homme mystère
Le personnage : il adore poser des énigmes.
Cheveux bombés en rouge.
Justaucorps vert avec quelques points d'interrogation noirs en papier ou feutrine cousus dessus.
Lunettes vertes.
La touche finale : une canne en forme de point d'interrogation.

Invitations et décorations

Comment reproduire les modèles ?

Matériel nécessaire
Papier-calque
Crayon à pointe souple

1. Disposez le papier calque sur le modèle à décalquer et copiez le modèle avec le crayon.
2. Retournez ensuite le papier calque et posez-le sur le support sur lequel vous voulez reproduire le modèle.
3. Repassez sur toutes les lignes en appuyant fortement. Grâce au crayon à pointe souple, le modèle va s'imprimer sur le carton.

4 modèles d'invitations

Voir photo page 38.

La carte citrouille

Matériel nécessaire
Papier-calque
Cartons minces ou papiers épais noir et orange

Reproduisez la citrouille une première fois sur du papier cartonné noir et une seconde fois sur du papier de couleur orange.
Tracez 2 demi-cercles sur la face orange et découpez soigneusement. Faites attention de bien laisser la partie centrale attachée grâce à laquelle la fenêtre pourra être ouverte et refermée (sur le dessin, cette partie est en pointillé).
Collez les deux faces.
Écrivez le texte au crayon argenté.

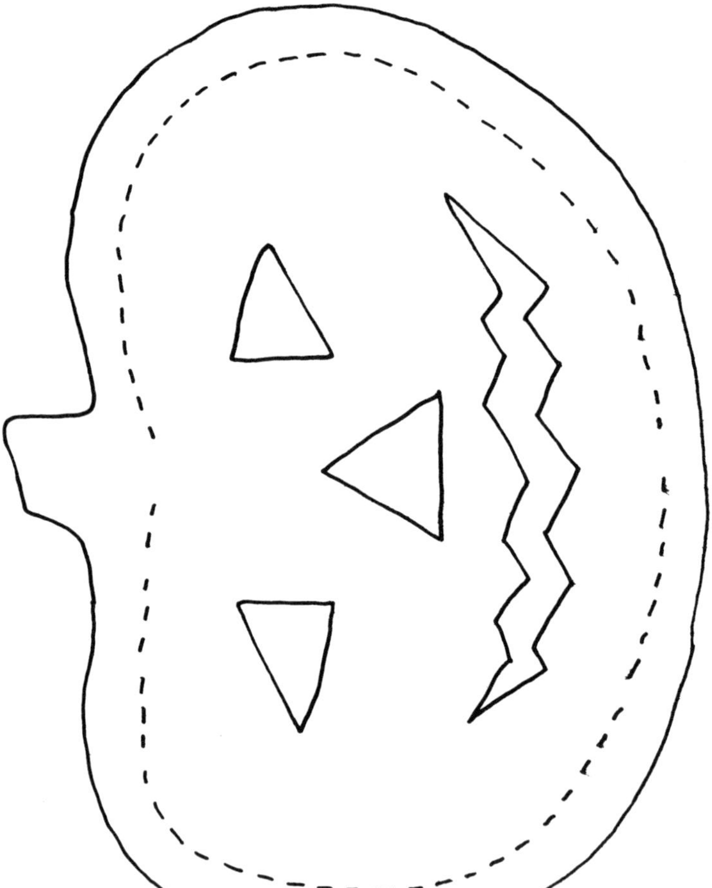

La chauve-souris

Matériel nécessaire
Papier-calque
Carton mince ou papier épais noir

Découpez un rectangle de 40 cm sur 6 cm et pliez-le en 2. Reproduisez le modèle de la chauve-souris sur chaque face et découpez.
Inscrivez le texte de votre invitation à l'intérieur de la carte.

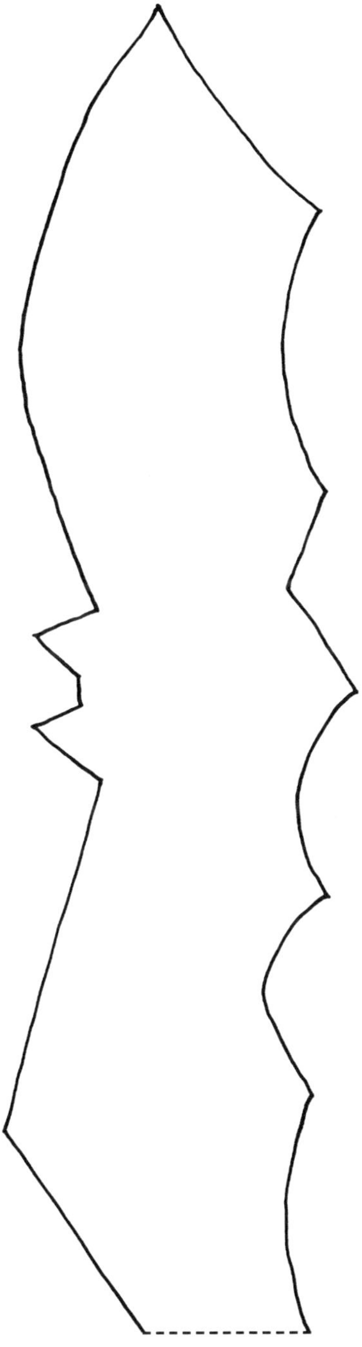

La carte sorcière

Matériel nécessaire
Papier-calque
Cartons minces ou papiers épais noir et orange

Découpez un rectangle de 22 cm par 16 cm dans le papier orange et pliez-le en deux.
Reproduisez le modèle de la sorcière sur du papier cartonné noir.
Découpez une languette de 2 cm sur 8.
Pliez chaque extrémité de la languette à 1,5 cm du bord.
Collez une extrémité sur la carte,
l'autre sur la sorcière.
Ca y est, votre sorcière vole !

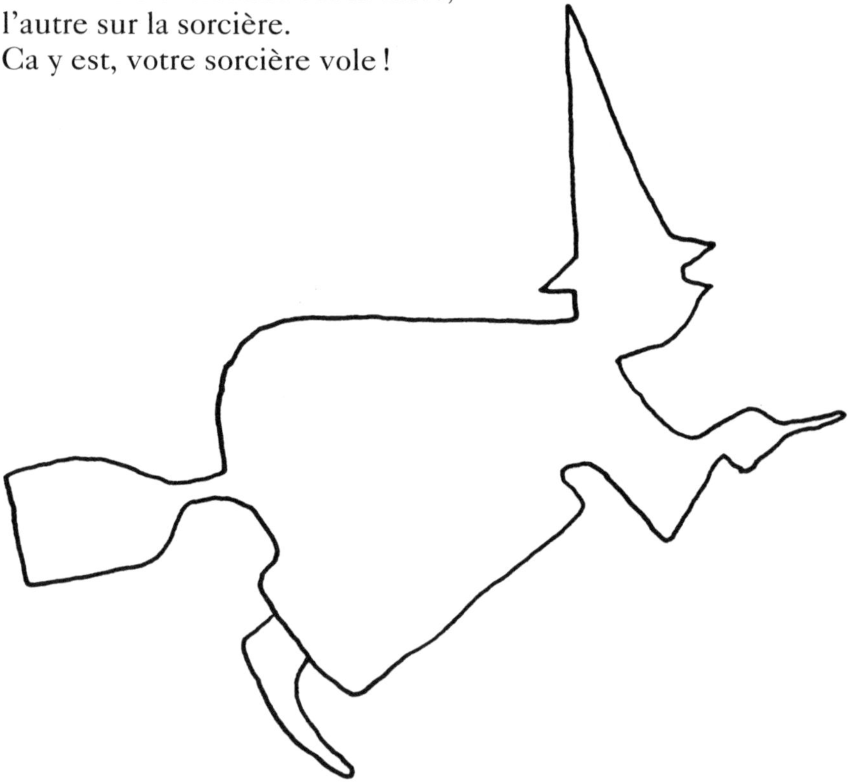

La carte fantôme

Matériel nécessaire
Papier-calque
Cartons minces
ou papiers épais
noir et blanc

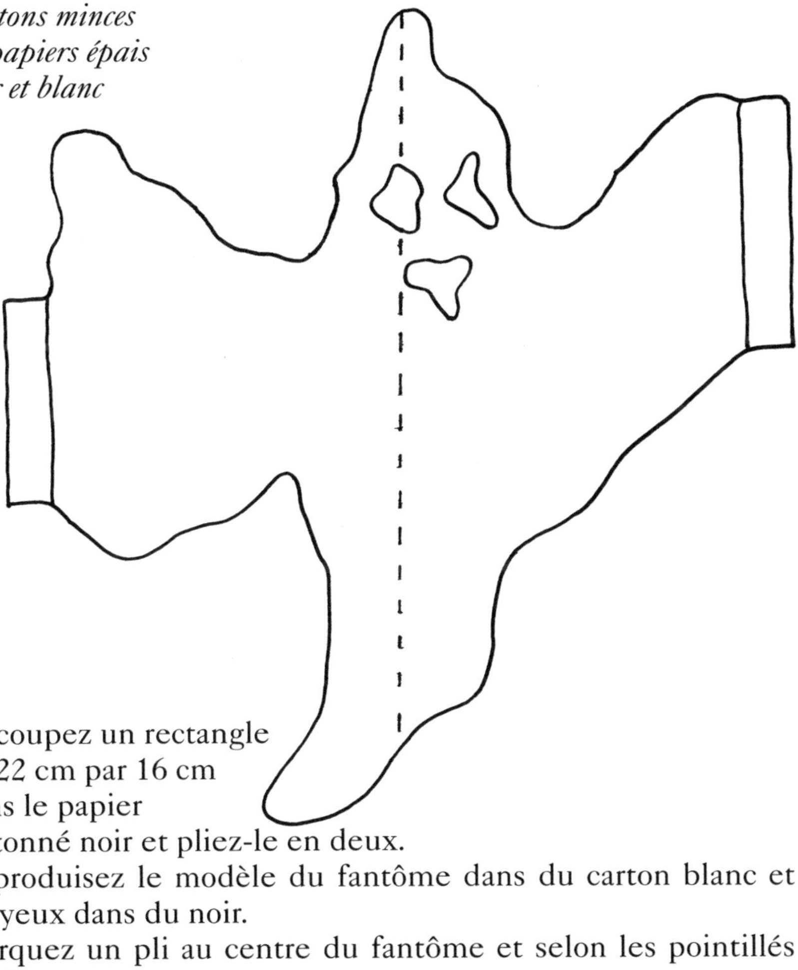

Découpez un rectangle de 22 cm par 16 cm dans le papier cartonné noir et pliez-le en deux.
Reproduisez le modèle du fantôme dans du carton blanc et les yeux dans du noir.
Marquez un pli au centre du fantôme et selon les pointillés des languettes.
Pliez le fantôme en deux et placez-le dans la carte de sorte qu'il ne dépasse pas des bords lorsqu'elle est fermée.
Collez alors les languettes sur la carte, au dos du fantôme.

Idées à reprendre

Jack-O'-Lantern

Matériel nécessaire
Citrouille - Bougie

1. Coupez le haut de la citrouille. Avec une cuillère, évidez l'intérieur. Enlevez toute la chair sans percer la peau. Laissez l'équivalent de 2 à 3 cm d'épaisseur.
2. Taillez au couteau deux yeux, un nez, une bouche.
3. Creusez un petit trou au fond de la citrouille avec la cuillère et calez solidement la bougie à l'intérieur.

Le sac d'Halloween

Matériel nécessaire
Papier-calque
Papier épais noir
Stylo argenté
Boîte à chaussure

1. Emballez la boîte à chaussures dans le papier noir comme pour un cadeau. Laissez un côté ouvert.
2. Retirez la boîte et découpez les poignées.
3. Reproduisez un motif d'Halloween des pages 69-70.

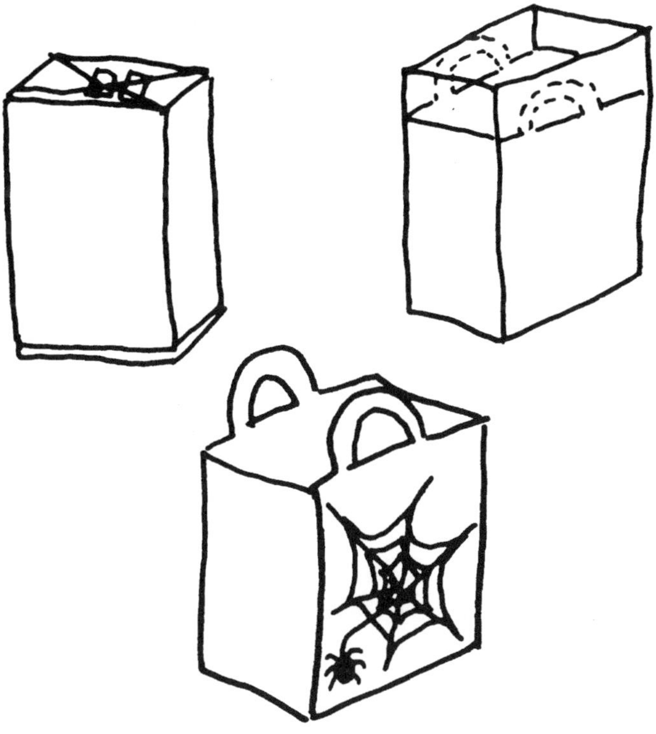

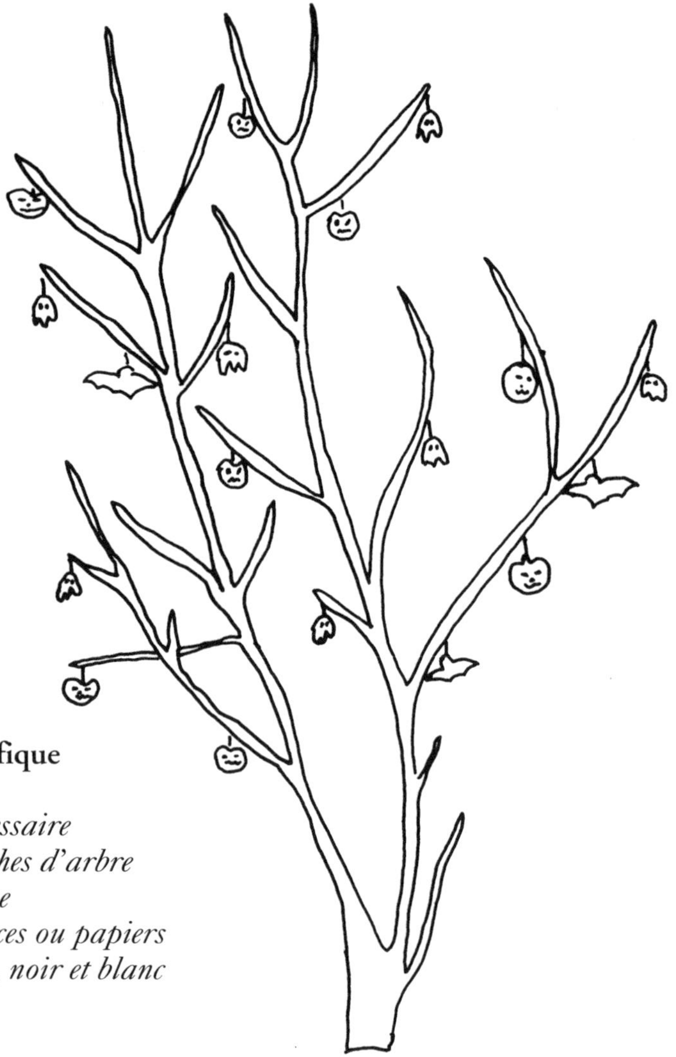

L'arbre maléfique

Matériel nécessaire
2 ou 3 branches d'arbre
Papier-calque
Cartons minces ou papiers épais orange, noir et blanc
Fil

Reproduisez la citrouille une dizaine de fois dans le papier orange, la chauve-souris dans le papier noir et le fantôme dans le blanc (voir modèles page suivante). Dessinez les yeux et la bouche des fantômes. Accrochez les figurines avec un fil sur les branches.

Citrouille en 3 dimensions

Matériel nécessaire
4 bandes plâtrées, de 3 m x 8 cm
1 ballon gonflable
Gouache liquide

1. Gonflez le ballon et entourez-le de bandes de scotch pour imiter la forme de la citrouille.
2. Recouvrez le tout avec les bandes plâtrées.
3. Peignez en orange.
4. Une fois sec, peignez le nez, la bouche et les yeux en noir comme sur la photo page 39.

La corne d'abondance pour friandises d'Halloween

Matériel nécessaire
Une feuille de papier cartonné
4 bandes plâtrées, de 3 m x 8 cm
Du papier journal
Gouache liquide

Roulez la feuille cartonnée en forme de cône.
Collez du papier journal chiffonné pour donner du volume.
Recouvrez avec les bandes plâtrées.
Une fois sec, décorez avec
de la gouache liquide.

Le squelette articulé

Matériel nécessaire
Papier-calque
Carton mince
ou papier épais
8 attaches parisiennes

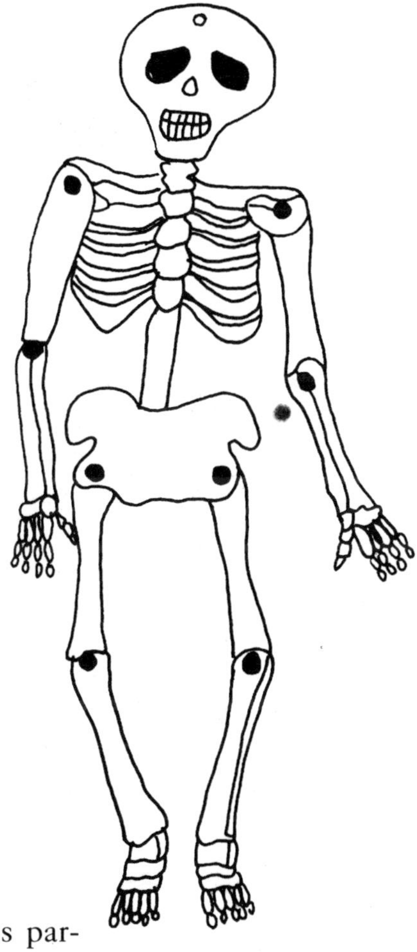

1. Reproduisez les différentes parties du squelette sur le carton (voir comment décalquer un modèle).
2. Évidez les ronds.
3. Fixez les membres sur le torse grâce aux attaches parisiennes. Rabattez les languettes des attaches parisiennes de façon à ce qu'on ne les voie pas.

Vous pouvez maintenant donner à votre squelette toutes les positions que vous voulez.

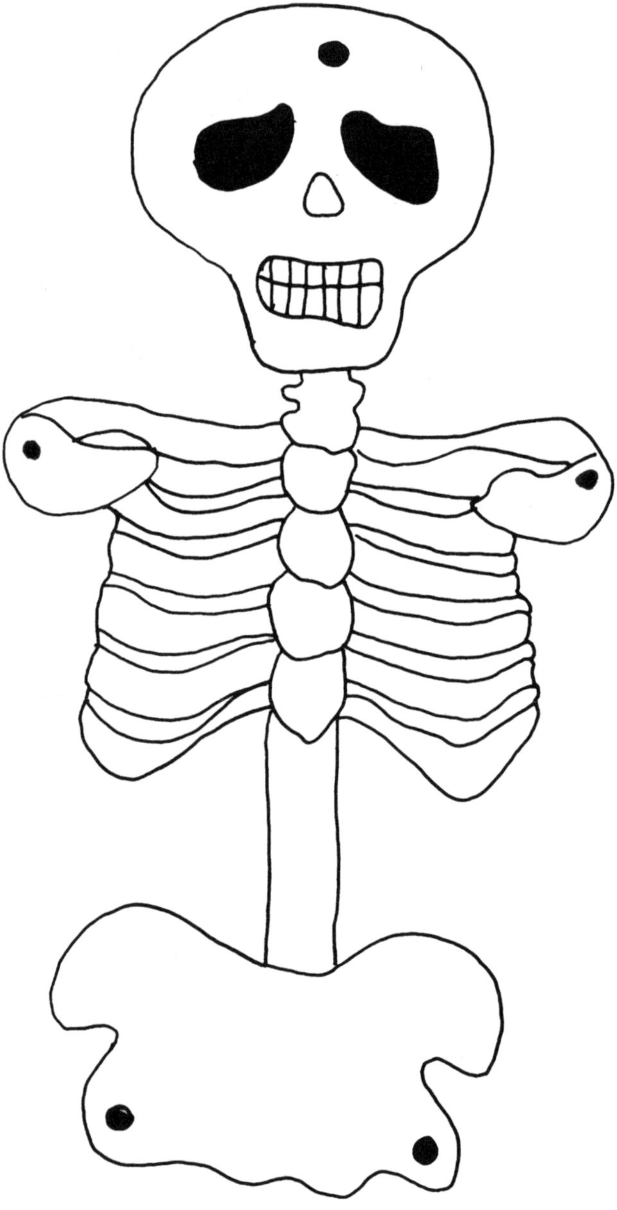

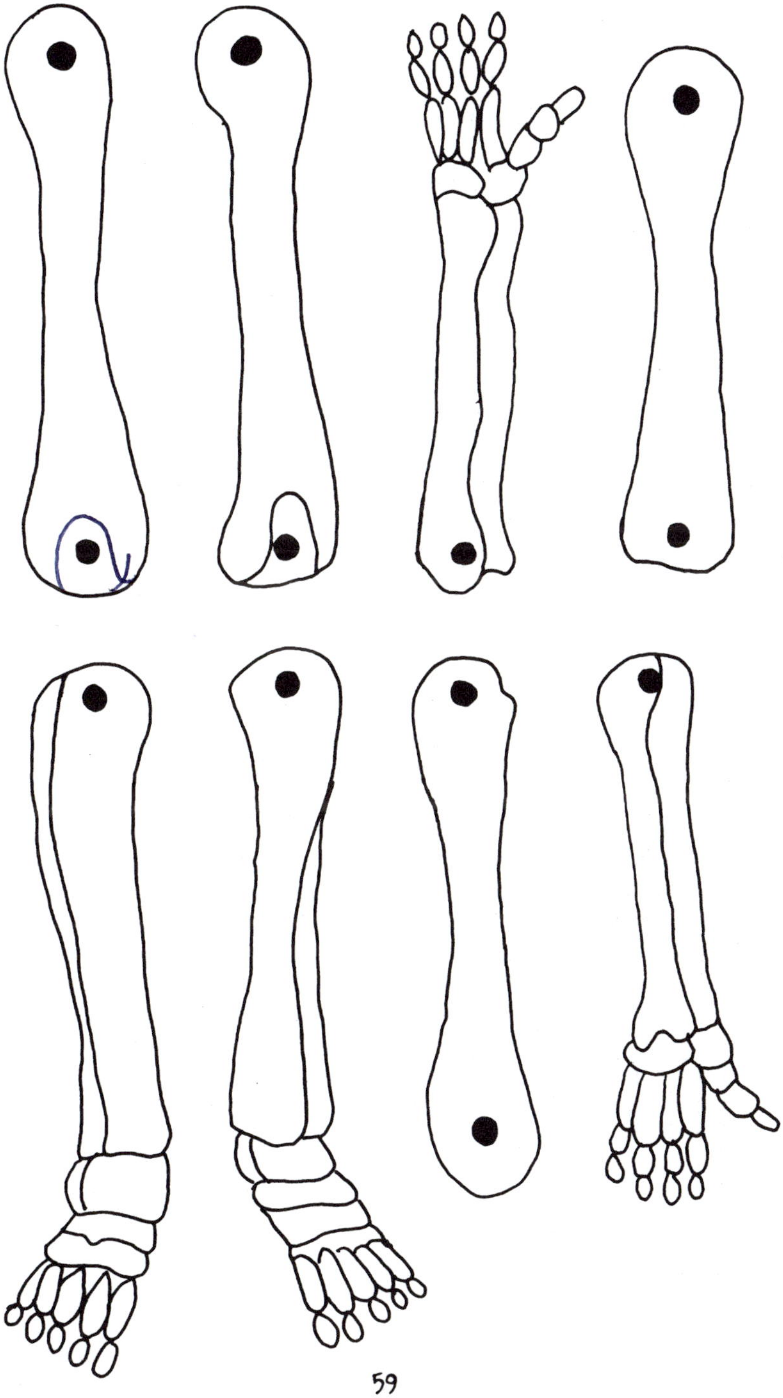

Les décors de fenêtres

Les deux décors suivants sont à scotcher sur la vitre d'une fenêtre.

Le château hanté

Matériel nécessaire
Papier-calque
Cartons minces ou papiers épais blanc et noir
Fil noir

1. Reproduisez le château sur le carton noir et chaque modèle de fantôme deux fois sur le blanc.
2. Évidez les quatre fenêtres.
3. Fixez les fantômes avec le fil et du ruban adhésif à l'intérieur des fenêtres.

La sorcière et la pleine lune

Matériel nécessaire
Papier-calque
Carton mince ou papier épais noir
Papier transparent jaune
Stylo argenté

1. Reproduisez le modèle de la sorcière. Évidez l'intérieur du cercle.
2. Découpez un rond dans le papier jaune transparent de la grandeur du cercle externe. Collez cette partie à l'arrière.
3. Reproduisez les traits des cheveux, visage et bras avec le crayon argenté.

Les masques

La chauve-souris

Matériel nécessaire
Papier-calque
Carton mince
ou papier épais noir
Fil élastique
Crayon argenté

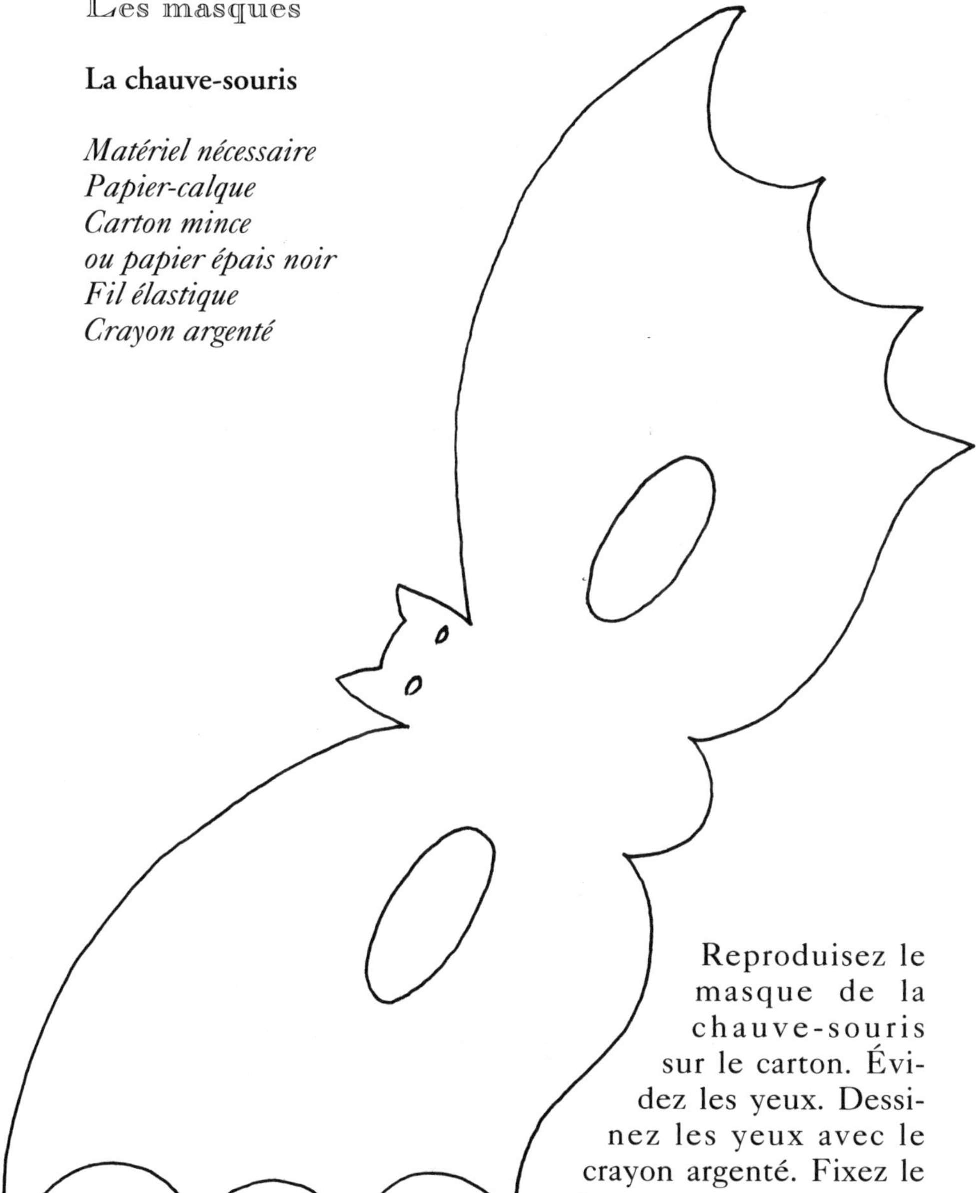

Reproduisez le masque de la chauve-souris sur le carton. Évidez les yeux. Dessinez les yeux avec le crayon argenté. Fixez le fil élastique avec une agrafeuse de chaque côté du masque.

La sorcière

Matériel nécessaire
Papier-calque
Carton mince ou papier épais blanc
Un peu de laine noire
Fil élastique

1. Reproduisez le masque de la sorcière et le nez sur le carton.
2. Pliez et collez le nez de la sorcière. Évidez les yeux. Collez des brins de laine noire à l'emplacement des cheveux. Coloriez le reste du masque.
3. Fixez le fil élastique avec une agrafeuse de chaque côté du masque.

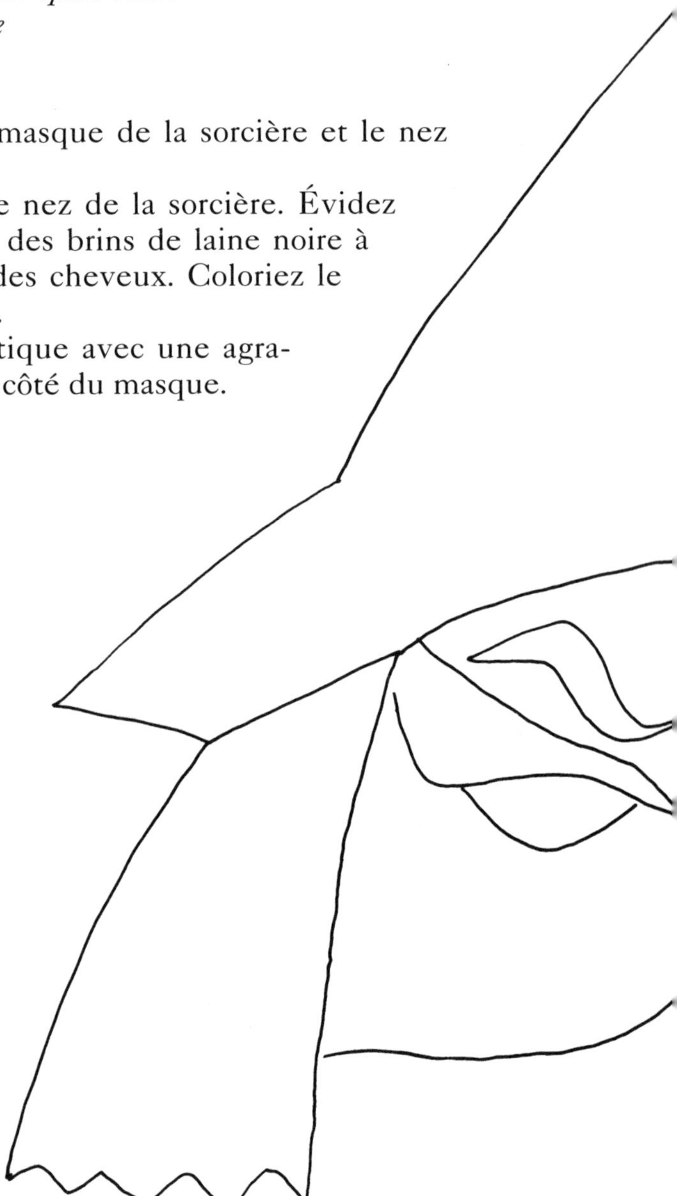

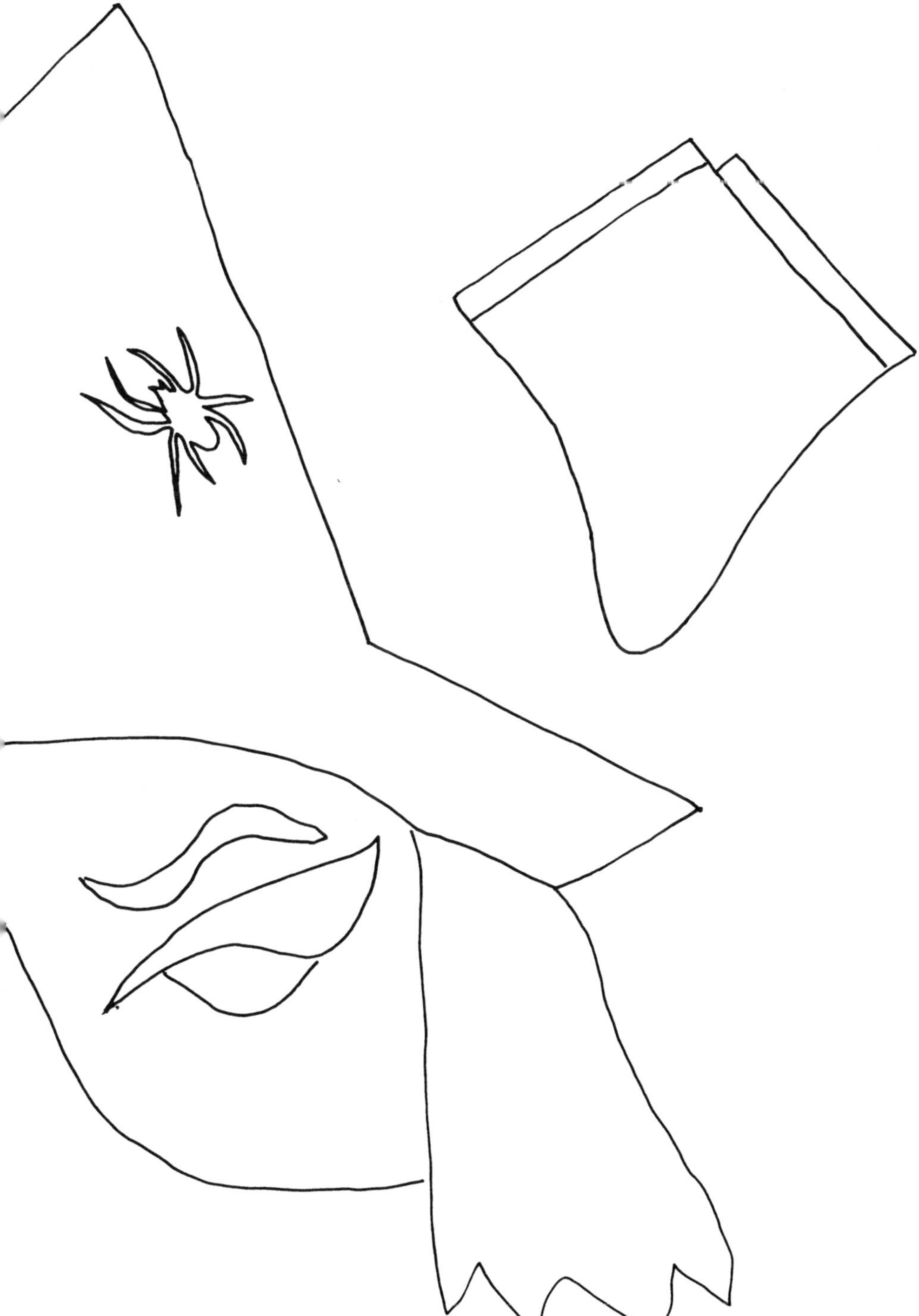

Araignées et toiles d'araignées

Toiles d'araignées en papier

1. Pliez une feuille de papier en quatre, puis dans le sens de la diagonale.
2. Découpez en arc de cercle puis faire des encoches.
3. Dépliez puis scotchez ces toiles d'araignées sur les murs et le plafond.

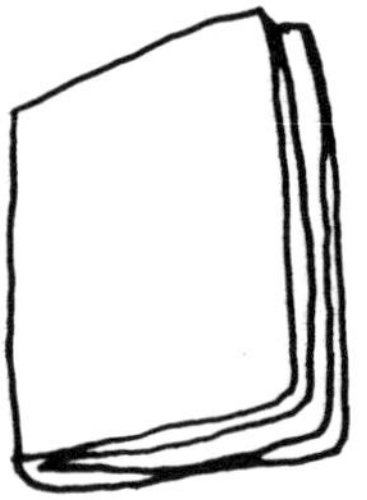

Araignées en laine

Matériel nécessaire
Laine noire
Carton
Compas
Une grosse aiguille

1. Tracez un grand cercle de 7 cm de diamètre et un autre de 2 cm sur le carton. Évidez le cercle interne de façon à obtenir un anneau. Réalisez un deuxième anneau selon le même procédé.
2. Posez les deux anneaux l'un sur l'autre. Prenez une aiguillée de laine et enroulez-la autour des anneaux en carton en s'assurant que les fils soient le plus proche possible les uns des autres. Dès que l'on arrive au bout du fil, enroulez un autre fil par dessus. Continuez ainsi jusqu'à ce que le trou du milieu soit pratiquement inexistant.
3. Placez les ciseaux entre les deux cartons et coupez la laine tout autour. Faites passer un fil de laine d'environ 50 cm entre les deux cartons et faites deux nœuds serrés.
4. Découpez 8 bandes dans le papier noir de 10 cm de longueur sur 1 cm. Pliez-les puis collez-les dans le pompon. Découpez deux ronds dans le carton blanc pour les yeux. Dessinez deux ronds noirs à l'intérieur puis collez-les sur le pompon.

Araignées en carton

Matériel nécessaire
Gobelets en cartons
Peinture noire
Fil élastique
Un peu de carton blanc

1. Peignez en noir les gobelets. Quand la peinture est sèche, découpez des bandes de 2 cm pour faire les pattes. Repliez les pattes.
2. Découpez deux ronds dans le carton blanc pour les yeux. Dessinez deux ronds noirs à l'intérieur puis collez-les sur le dessus des gobelets.

On peut les déposer sur les meubles, par terre ou les pendre au plafond à l'aide du fil élastique.

Dessins à reproduire

Le buffet d'Halloween

Cocktails

Le jus de mygales

Jus de raisin
Piques à brochettes
Bonbons gélifiés en forme d'araignées, crapauds ou serpents

Versez du jus de raisin dans des grands verres. Coupez les piques à brochettes pour qu'ils soient un peu plus grands que le verre. Plantez un bonbon au bout. Ajoutez une paille.

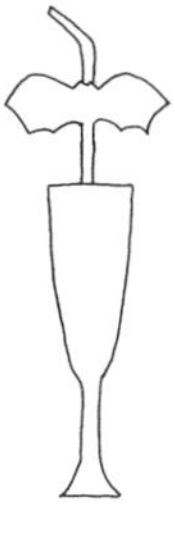

Le breuvage de Vampirella

Jus de tomate ou sirop de grenadine
Papier noir
Paille

Versez le jus de tomate ou la grenadine dans un grand verre. Reproduisez le modèle de la chauve-souris ou de la citrouille (voir modèles page 55). Faites deux entailles et glissez la paille au milieu.

Le cocktail bave de crapaud

Lait
Sirop de menthe
Des framboises
Des piques en bois
Des bonbons en forme de fils verts

Mélangez le lait et le sirop de menthe. Piquez trois framboises sur un pique en bois. Enroulez les bonbons en forme de fil autour. Posez le pique en équilibre sur le verre.

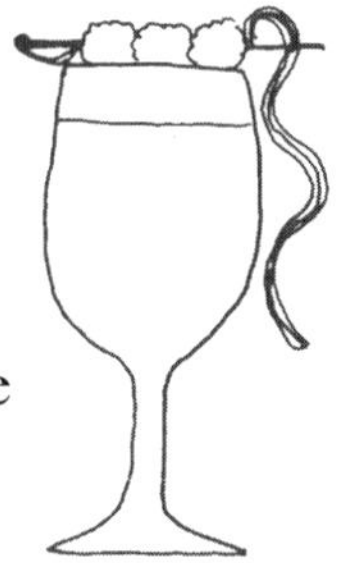

Les desserts

Gâteau de Carabosse

6 œufs, 125 g de beurre, 300 g de chocolat à croquer, 80 g de sucre, une vingtaine de bonbons gélifiés en forme de serpent.

Séparez les blancs des jaunes. Battez les jaunes avec le sucre jusqu'à ce que le mélange devienne mousseux. Brisez le chocolat en morceaux et faites-le fondre à feu doux. Lorsque le chocolat est liquide, ajoutez le beurre et mélangez. Battez les blancs en neige ferme. Incorporez le mélange jaune et sucre aux blancs en le soulevant doucement avec une spatule. Puis ajoutez le chocolat-beurre fondu de la même façon. Beurrez et farinez légèrement un moule rond. Versez la pâte jusqu'à 1 cm du bord. Faites cuire à feu chaud 200° (thermostat 6) pendant 25 mn. Démoulez tiède. Une fois le gâteau refroidi, décorez-le avec les bonbons. Faites des petits trous pour que l'on ait l'impression que les serpents sortent du gâteau.

Le délice de Dracula

750 g de fromage blanc, 450 g de crème fraîche, 1,5 dl de sirop de sucre vanillé, 7 feuilles de gélatine, 300 g de framboises congelées, 75 g de sucre en poudre

Plongez la gélatine dans un bain d'eau froide. Versez le sirop de sucre vanillé dans une casserole, faites-le tiédir. Égouttez les feuilles de gélatine ramollie, essorez-les, puis mettez-les dans le sirop tiède. Faites fondre le tout en remuant. Versez dans un moule à mixer, ajoutez le fromage blanc et mixez l'ensemble. Fouettez la crème fraîche en Chantilly ferme, incorporez-la au fromage blanc. Versez le mélange dans un moule à charlotte et mettez au moins deux heures au réfrigérateur. Pendant ce temps, préparez le coulis en mixant les framboises et le sucre en poudre. Démoulez le gâteau sur un plat de service et arrosez de coulis.

Flan à la citrouille

300 g de pulpe de citrouille, 1/2 litre de lait, 150 g de sucre semoule, 50 g de farine, 4 œufs, 1 zeste de citron râpé.

Coupez en gros dés les morceaux de citrouille que vous avez récupérés pour la Jack-O'-Lantern. Faites-les cuire dans l'eau bouillante environ 50 mn. Un fois cuite, égouttez la pulpe puis mixez-la.
La consistance obtenue doit ressembler à une purée. Dans un saladier, mélangez les œufs puis ajoutez la farine, le sucre, le zeste et le lait. Une fois que le mélange est bien homogène, intégrez la pulpe de citrouille. Beurrez un moule à bords hauts puis versez le mélange. Faites cuire à four chaud (200°) pendant 20 mn.

Tarte à la citrouille

500 g de pulpe de citrouille, 150 g de sucre semoule, 200 g de crème fraîche, 80 g de farine, 3 œufs, 1 zeste de citron râpé, une pâte brisée toute prête.

Coupez en gros dés les morceaux de citrouille que vous avez récupérés pour la Jack-O'-Lantern.

Faites-les cuire dans l'eau bouillante environ 50 mn. Une fois cuits, égouttez bien la pulpe puis mixez-la. Dans un saladier, mélangez les œufs puis ajoutez la farine, le sucre, le zeste et la crème. Lorsque le mélange est bien homogène, ajoutez la pulpe de citrouille. Disposez la pâte brisée dans un moule à tarte puis versez le mélange. Faites cuire à four chaud (200°) pendant 40 mn.

Le Jack-O'-Lantern

250 g farine, 230 g de sucre semoule, 250 g de beurre, 5 œufs, 1 citron

Dans un saladier, mélangez le sucre, les œufs entiers et le zeste râpé du citron. Ajoutez peu à peu le beurre fondu tout en mélangeant avec une cuillère en bois, puis la farine. Travaillez cette pâte jusqu'à ce que le mélange soit homogène. Beurrez un moule rond, farinez-le très légèrement et remplissez-le de pâte. Faites cuire à four chaud (200°) pendant 40 mn. Pour vérifier la cuisson, il faut enfoncer dans le gâteau la pointe d'un couteau, elle doit ressortir sèche. Démoulez le gâteau et laissez-le refroidir. Lorsqu'il est froid, découpez les yeux, le nez et la bouche de la citrouille.

Les pumkins

3,5 kg d'oranges, 3 citrons, 750 g de fraises fraîches ou surgelées, 240 gr de sucre en poudre.

Prenez 2 kg d'oranges et découpez le haut. Évidez chaque orange avec une cuillère. Avec un couteau pointu, dessinez les yeux, le nez et la bouche puis évidez.
Mettez la gélatine à tremper dans l'eau froide. Pressez les 1,5 kg d'oranges restant et les 3 citrons. Faites fondre à feu doux le jus recueilli avec le sucre dans une casserole. Essorez la gélatine, ajoutez-la dans la casserole. Remuez, amenez à ébullition. Aux premiers bouillons, sortez le mélange du feu et passez au chinois. Après les avoir mixées, intégrez les fraises à la préparation. Laissez refroidir puis versez dans les peaux oranges décorées. Mettez au réfrigérateur pendant 12 heures.

La tarte maléfique

300 g de pâte sablée, 150 g de crème liquide, 200 g de chocolat noir, 2 œufs, 30 g de beurre

Étalez la pâte dans le moule à tarte, piquez le fond avec une fourchette et faites-le cuire à blanc pendant 25 mn à 200° (thermostat 6). Portez la crème à ébullition, ajoutez le chocolat coupé en petits morceaux, puis retirez du feu. Fouettez le mélange jusqu'à ce que la pâte soit lisse. Séparez les blancs des jaunes puis ajoutez les jaunes et le beurre. Laissez refroidir, versez sur le fond de tarte. Mettez au réfrigérateur pendant 2 heures. Pendant ce temps, découpez des figurines dans la pâte sablée restante : lunes, chapeaux de sorcière, chaudrons, chats etc. Badigeonnez les figurines avec du blanc d'œuf. Faites cuire 10 à 15 mn à 200° (thermostat 6). Décorez la tarte avec les figurines.

Adresses utiles

Voici une sélection d'adresses qui vous aideront à préparer Halloween. Cette liste n'est pas exhaustive et vous trouverez sûrement des magasins d'articles de fête près de chez vous.

Articles de fêtes

DROGUERIE DES ARCADES
Les Arcades d'Ornex 01210 Ornex
Tél. : 04 50 40 81 00

L'ARLEQUIN
16, allée des Glycines 02300 Chauny
Tél. : 03 23 38 00 52

RDN DIFFUSION
RN 145 03380 Quinssaines
Tél. : 04 70 51 82 14

CASH DECOR
140, bd des Jardiniers
06200 Nice St-Isidore
Tél. : 04 93 29 91 20

AIR DE FETE
16, rue du Docteur Gazagnaire
06400 Cannes Tél. : 04 93 39 15 97

FETES ET BALLONS
9, rue Boissy d'Anglas 07100 Annonay
Tél. : 04 75 67 94 25

CASH DECOR C.D.G
Plan de Campagne
13170 Les Pennes Mirabeau
Tél. : 04 42 31 80 61

FESTI-FETES
Centre commercial Rocade Sud
14123 Ifs Tél. : 02 31 78 15 89

LE P'TIT LUTIN
85, cours de l'Europe 17200 Royan
Tél. : 05 46 06 84 61

L'AMBIANCE
3bis, rue du Prinal 18000 Bourges
Tél. : 02 48 24 63 48

FAITES LA FETE
4ter, bd du Champ aux Métiers
21800 Quétingy Tél. : 03 80 48 26 66

LE BAL D'ORPHEE
20, rue du Maréchal Foch
22000 St-Brieuc Tél. : 02 96 61 17 78

CARNAVAL
15, avenue Ernest Renan
22300 Lannion Tél. : 02 96 37 97 18

FESTIGAG
8, rue du Docteur Lavillatte
23000 Guéret Tél. : 05 55 41 00 86

FESTI-FETES
Centre Carré d'As
27310 Bourg-Achard
Tél. : 02 32 56 22 14

CHARTRES FESTIVITES
58, rue du Grand Faubourg
28000 Chartres Tél. : 02 37 21 80 54

AUGUSTE
47, rue du Lyon 29200 Brest
Tél. : 02 98 46 09 82

LE SPHINX
16, rue Maurice Fonvieille
31000 Toulouse Tél. : 05 61 23 17 72

BOUTIQUE FEERIES
Ctre commercial ATAC /
102, route du Fronton
31140 Fonbeauzard
Tél. : 05 61 70 84 77

AU CARNAVAL
2, cours Pasteur 33000 Bordeaux
Tél. : 05 56 48 55 53

L'ANGE FARCEUR
18, rue Georges Clémenceau
35400 St Malo Tél. : 02 99 81 76 18

COMPTOIR DES FETES
17, rue Marceau 37000 Tours
Tél. : 02 47 05 72 36

BBO BALLON BULLE
ORGANISATIONS
20bis, rue Nationale
37250 Montbazon Tél. : 02 47 26 19 27

ACTIFETES
1, rue des Artisans
37300 Joué-les-Tours
Tél. : 02 47 67 06 91

RIO SAMBA
11, avenue de la Libération
42400 St Chamond
Tél. : 04 77 22 40 66

BELLE FETE
ZI La Chevalerie 50000 Saint-Lô
Tél. : 02 33 77 43 77

L'AMBIANCE
24, rue Gambetta 51100 Reims
Tél. : 03 26 47 54 10

IMP. CHAPELLE /
LE ROI DE LA FETE !
112-114, rue Bernard Le Pecq
53000 Laval Tél. : 02 43 66 83 91

LE FUNANBULE
84, rue de St Mihiel 55000 Bar-le-Duc
Tél. : 03 29 79 28 28

EGLANTINE
7, rue des Hôtelleries
58400 La Charité-sur-Loire
Tél. : 03 86 69 69 25

MODERN DECOR
30, rue des Bouchers 59000 Lille
Tél. : 03 20 54 25 87

NORD-JOIE
264, rue Nationale 59800 Lille
Tél. : 03 20 54 27 54

LILLE MAGIC
80, rue Pierre Legrand 59800 Lille
Tél. : 03 20 56 87 03

SOIRS EN FETE
4bis, rue de l'Hôtel de Ville
59160 Lomme
Tél. : 03 20 92 69 94

MODERN DECOR
280, rue Jules Guesde 59510 Hem
Tél. : 03 20 75 65 07

AU P'TIT FARCEUR
67, rue Gambetta 60100 Creil
Tél. : 03 44 55 01 45

MODERN DECOR
24, rue de l'Amiral Courbet
62600 Berck
Tél. : 03 21 09 11 65

MIL'KADO FETES
23, place St-Pierre
63000 Clermont-Ferrand
Tél. : 04 73 30 82 78

FIESTA
34, rue du Maréchal Joffre 64000 Pau
Tél. : 05 59 27 52 43

JANSON CONFETTI
69, avenue du Général Leclerc
66000 Perpignan Tél. : 04 68 34 53 50

COMPTOIR DES FETES
20, rue du Vieux Marché aux Grains
67000 Strasbourg Tél. : 03 88 23 10 17

LITHEA SARL
4, rue Kagemeck 67000 Strasbourg
Tél. : 03 88 32 62 72

SERAPHIN
10, rue d'Algérie 69001 Lyon
Tél. : 04 78 28 19 65

PLEIN AIR
32, rue Georges Genoux
70004 Vesoul cedex
Tél. : 03 84 76 05 50

L'AMBIANCE
23, avenue du Général de Gaulle
72000 Le Mans Tél. : 02 43 24 66 03

LA BAMBOULA
59, avenue des Alpes 74330 Epagny
Tél. : 04 50 24 26 49

AU CLOWN DE LA REPUBLIQUE
11, bd Saint-Martin 75003 Paris
Tél. : 01 42 72 73 73

MILLE FETES
60, rue du Cherche-Midi 75006 Paris
Tél. : 01 42 22 09 43

AU COTILLON MODERNE
13, bd Voltaire 75011 Paris
Tél. : 01 47 00 43 93

OUGIER
130, avenue Emile Zola 75015 Paris
Tél. : 01 45 79 40 88

GOUTER EN VILLE
93, rue de Courcelles 75017 Paris
Tél. : 01 42 27 36 36

FANTOMASQUE
356, rue des Pyrénées 75020 Paris
Tél. : 01 43 66 97 41

L'AMICALE COMPTOIR ARTICLES DE FETES
32, rue des Vignoles 75020 Paris
Tél. : 01 43 70 21 00

FESTI-FETES
2-4, rue de la République
76000 Rouen Rive Droite
Tél. : 02 35 15 59 75

JOUPI
34, rue du Docteur Duchesne
76220 Gournay-en-Bray
Tél. : 02 35 90 04 64

SENART EN FETE
98, rue Sommeville
77380 Combs-la-Ville
Tél. : 01 60 34 09 72

CHATEAU - JOUETLAND
37, rue Porte-aux-Saints
78200 Mantes-la-Jolie
Tél. : 01 34 77 03 18

FESTI
ZI Longpré Rue André Durouchez
80000 Amiens Tél. : 03 22 43 62 20

LE GAI LURON
11, rue St Etienne 81000 Albi
Tél. : 05 63 54 07 82

AU GAI LURON
26-28, rue Delcassé 82000 Montauban
Tél. : 05 63 63 46 04

CARNAVAL
430, avenue Victor Hugo
83600 Fréjus Plage
Tél. : 04 94 53 53 80

FETE LA FETE 16, bd Louis Blanc 83990 St Tropez Tél. : 04 94 97 00 48

MAG'DECORS
2195, route de Marseille
84140 Avignon Sud
Tél. : 04 90 88 34 38

B. LAMIELLE
77, avenue Jean Jaurès 90000 Belfort
Tél. : 03 84 21 70 55

RIRE ET FAIRE RIRE
34, avenue de la Cour de France
91261 Juvisy-sur-Orge
Tél. : 01 69 21 68 86

JOUR DE FETE
11-17, avenue du Général Leclerc
92270 Bois-Colombes
Tél. : 01 42 42 07 45

MODERN DECOR
24, rue Edouard Vaillant
93300 Aubervilliers
Tél. : 01 48 33 93 20

TOUT POUR LA FETE
51, avenue du Général Leclerc
94700 Maisons-Alfort
Tél. : 01 43 78 75 08

RIBOULDING
99, avenue Verdun 95100 Argenteuil
Tél. : 01 39 81 76 26

Évenementiel - Animation - Organisation de fêtes

PRO-FETES
7, résidence Concorde
70, rue Léon Blum 59000 Lille
Tél. : 03 20 15 21 90

AET CETERA RECEPTIONS
17, rue Jarente 69002 Lyon
Tél. : 04 78 38 28 32

Cie KIKI UHART
65, bd Arago 75013 Paris
Tél. : 01 43 37 88 74

ANIM'EUROPE / CLUB ENFANTILLAGES
9, bis bd Jean-Jaurès 92200 Boulogne
Tél. : 01 41 10 06 66

Loisirs créatifs

LOISIRS & CRÉATIONS
Centre Bourse 13000 Marseille
Tél. : 04 91 90 46 90

ROUGIER ET PLÉ
Route de Camp Major (CD 2)
Techni-parc de la Bastidonne
Acticlub 1 13400 Aubagne
Tél. : 04 91 27 24 04

ROUGIER ET PLÉ
2, rue du Parlement Ste Catherine
33000 Bordeaux
Tél. : 05 56 44 01 70

ROUGIER ET PLÉ
9, rue de Rieux (Champ de Mars)
44000 Nantes
Tél. : 02 40 89 41 02

PICWIC
Zone commerciale
Englos-les-Géants 59320 Haubourdin
Tél. : 03 20 09 84 01

PICWIC
Rue de Versailles 59650 Villeneuve d'Asq
Tél. : 03 20 43 28 90

LOISIRS & CRÉATIONS
Centre Commercial Euralille 59777 Lille
Tél. : 03 20 51 39 01

ROUGIER ET PLÉ
7, rue des Arts 59800 Lille
Tél. : 03 20 74 98 40

PICWIC
2, avenue Descartes
ZAC St Lazare 60000 Beauvais

LOISIRS & CRÉATIONS
Centre Commercial Les Halles
67000 Strasbourg
Tél. : 03 88 32 81 81

ATELIER DES ABCdaires
32, rue des Remparts d'Ainay 69002 Lyon
Tél. : 04 78 37 10 36

ROUGIER ET PLÉ
17, cours de la liberté 69003 Lyon
Tél. : 04 78 60 64 31

LOISIRS & CRÉATIONS
Centre Commercial La Part Dieu
69003 Lyon
Tél. : 04 78 60 03 83

APACHE
Forum des Halles 75001 Paris
Tél. : 01 44 88 52 00

ROUGIER ET PLÉ
13-15, bd des Filles du Calvaire 75003 Paris
Tél. : 01 44 54 81 00

LES 3 HIBOUS-LE BON MARCHÉ
22, rue de Sèvres, 75007 Paris
Tél. : 01 44 39 80 00

LOISIRS & CRÉATIONS
Printemps Haussman
Sous-Sol Printemps de la maison
75009 Paris
Tél. : 01 42 82 55 00

LOISIRS & CRÉATIONS
Centre Commercial Passy Plaza
53, rue de Pasy 75016 Paris
Tél. : 01 42 15 13 43

LOISIRS & CRÉATIONS
Centre Commercial Carrefour
77190 Villiers en Bière
Tél. : 01 64 87 92 72

PICWIC
60, route Nationale 6 / Vert-St-Denis
77246 Cesson cedex
Tél. : 01 60 68 29 14

LOISIRS & CRÉATIONS
Centre Commercial Parly 2
78158 Le Chesnay cedex
Tél. : 01 39 43 06 35

LOISIRS & CRÉATIONS
Centre Commercial Evry 2 91000 Evry
Tél. : 01 69 36 20 34

ROUGIER ET PLÉ
Zac des Clotais 91160 Champlan
Tél. : 01 64 48 92 92

PICWIC
Zac de la Croix-Blanche
9, avenue Hurepoix
91700 Ste-Geneviève-des-Bois
Tél. : 01 69 46 63 30

ROUGIER ET PLÉ
34, av, des Champs Pierreux
92000 Nanterre
Tél. : 01 47 24 24 40

ROUGIER ET PLÉ
66-68, avenue du Général de Gaulle
93330 Neuilly-s/Marne
Tél. : 01 49 44 62 62

DALBE
7, impasse Charles Garnier 93400 Saint-Ouen
Tél. : 01 40 10 89 10

LOISIRS & CRÉATIONS
Centre Commercial Créteil Soleil
94000 Créteil
Tél. : 01 49 56 07 57

LOISIRS & CRÉATIONS
Centre Commercial Grand Ciel
94200 Ivry
Tél. : 01 43 90 00 87

APACHE
Centre commercial Belle Epine
94320 Thiais
Tél. : 01 56 30 10 30

Et maintenant, il ne nous reste plus qu'à vous souhaiter :

UNE BONNE HORRIBLE FÊTE D'HALLOWEEN!

Maquette et réalisation technique :
Synonymes
35134 Sainte-Colombe

Imprimé en France pour les éditions Bornemann
au mois de septembre 1999 par l'Imprimerie Montligeon
61400 La Chapelle-Montligeon
Dépôt légal effectué en octobre 1999
N° d'imprimeur : 19506